HOLT
3
GERMAN

Komm mit!®

Übungsheft

HOLT, RINEHART AND WINSTON

A Harcourt Classroom Education Company

Austin · New York · Orlando · Atlanta · San Francisco · Boston · Dallas · Toronto · London

Contributing Writers

Patricia Casey Sutcliffe

Contents

Komm mit in die neuen Bundesländer!

Komm mit nach Würzburg!

Komm mit nach Frankfurt!

Komm mit nach Dresden!

1 Das Land am Meer

■ Los geht's!

1 Match each of the following remarks with the appropriate vacation photo.

_____   _____   _____

a. „Meine Ferien in Kalifornien waren super! Ich war ständig am Strand, und wir hatten dauernd sonnige Tage. Es hat mir echt prima gefallen.“

b. „Ich war eben in Italien. Es hat mir ziemlich gut gefallen, obwohl alles ein bisschen teuer war. Wir hatten tolles Wetter, und wir haben sehr viel gesehen.“

c. „Meine Ferien in den Bergen waren nicht so besonders. Ich wollte viel wandern, aber es hat die ganze Zeit geregnet. Es hat mir nicht so gut gefallen. Es freut mich, wieder zu Hause zu sein.“

2 How would you respond to each of the statements in Activity 1? Select a response from those below and write the number next to your answers above.

1. Das tut mir Leid.

2. Das freut mich.

3. Das ist ja super!

■ Erste Stufe

1 Write sentences describing what the person in each of these pictures was doing at the time indicated.

| 1. gerade | 2. neulich | 3. letztes Wochenende | 4. letzten Monat | 5. letztes Jahr |

1. _____

2. _____

3. _____

4. _____

5. _____

2 As Oma was going through her scrapbook, she found this old newspaper clipping announcing her wedding. Of course, that happened over 50 years ago! Circle all the verb forms and rewrite the story, changing the announcement into the past tense.

> Am 21.9.52 heiraten Heinrich Schmidt und Ilse Wagner. Die Hochzeit findet morgens um 10.00 Uhr in der St. Michaelskirche statt. Danach feiert die geladene Gesellschaft in der Sängerhalle am Preußentor. Am folgenden Tag fährt das glückliche Paar nach Paris auf Hochzeitsreise. Sie kommen am 28.9. wieder nach Hause.

_____

_____

_____

_____

_____

_____

3 Use the fragments below to write sentences in the present tense. Make sure you use the correct forms of **gefallen** with the dative case.

1. Die neue Bücherei / gefallen / ich / überhaupt nicht

   _____

2. Die Rügen-Prospekte / gefallen / meine Eltern / sehr

   _____

3. Rap-Musik / gefallen / sie(pl.) / nicht

   _____

Write the last two sentences in the present perfect.

4. Die Ferien / gefallen / sie(sg.) / gut

   _____

5. Das Wetter / er / gefallen / gar nicht

   _____

4 Write in German whether you liked the following things or not.

1. der letzte Film

   _____

   _____

2. die letzte Prüfung in Mathe

   _____

   _____

3. deine letzte Reise

   _____

   _____

4. das Wetter gestern

   _____

   _____

5. dein letzter Geburtstag

   _____

   _____

6. (fill in blank yourself)

   _____

   _____

5 Your friend Bettina is having an up-and-down day. Based on what she tells you, respond appropriately with sympathy or enthusiasm.

BETTINA Also, heute ist alles ganz verrückt. Zuerst habe ich mir zwei verschiedene Socken angezogen.

DU _____

BETTINA Dann hat mich mein Freund angerufen.

DU _____

BETTINA Ich war ganz glücklich. Aber dann bin ich ohne Regenschirm weggegangen, und ich bin ganz nass geworden.

DU _____

BETTINA Aber dann hat mir eine alte Dame ihren alten Regenschirm gegeben. Sie hat sich gerade einen neuen gekauft.

DU _____

BETTINA Und jetzt haben wir uns getroffen, und das gefällt mir sehr.

DU _____

6 Fill in the blank with the place where you could do these things. Then find the word in the word search.

1. Wo man Bananen kaufen kann: _____

2. Wo man einen Spaziergang machen kann: _____

3. Wo man Hefte und Bleistifte kaufen kann: _____

4. Wo man Fleisch für das Abendessen bekommen kann: _____

5. Wo man Geld holt: _____

6. Wo man einen Brief abschicken kann: _____

7. Wo man ein Buch ausleihen kann: _____

```
R  Ü  P  O  B  S  T  L  A  D  E  N  S  K
Ü  B  R  P  C  Ü  W  O  D  L  K  N  B  A
G  D  I  P  O  L  C  B  P  O  I  D  A  T
E  O  G  I  G  S  D  H  A  D  Ö  T  N  Z
R  R  D  V  I  B  T  R  E  R  E  A  K  C
M  U  S  T  A  D  T  P  A  R  K  E  Ä  H
A  S  C  H  U  L  S  H  O  P  E  I  R  E
N  F  R  M  E  T  Z  G  E  R  E  I  T  N
```

7 As you can see from the map, Ulli has had a very busy day! In the space provided, write statements about where he went and what you think he did at each place.

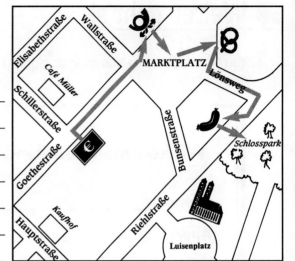

_____

_____

_____

_____

_____

_____

8 Monique has just returned from vacation and is now in the middle of a very busy week preparing for the new semester. Look at her calendar and write what she has already done this week (**gestern und vorgestern**) and all the things she still has to do (**heute, morgen und übermorgen**).

Montag	Dienstag	Mittwoch	Donnerstag	Freitag
10 Zimmer aufräumen	**11** Koffer auspacken; Wäsche waschen	**12** HEUTE in die Stadt gehen; Hefte und Bleistifte kaufen	**13** Müll sortieren; Schulkleidung bügeln	**14** Bücher zur Bücherei zurückbringen.

Vorgestern: _____

Gestern: _____

Heute: _____

Morgen: _____

Übermorgen: _____

9 You're on vacation without your parents, but they like to know what you're up to. Write them a postcard in the space provided, describing where you've been, what you've done, and especially how you've liked it so far. Be sure to fill in the postmark with the name of the place from which you're writing!

_____

_____

_____

_____

_____

_____

■ Weiter geht's!

1 You're returning to summer camp and must fill out this form for the program director.

Willkommen zum Lindauer Sportcamp am Bodensee

Name: _____

Alter: _____

1. Wie viele Male hast du schon an unserem Sportcamp teilgenommen?

_____

2. Welche Aktivitäten haben dir gut gefallen?

_____

3. Welche haben dir nicht so gut gefallen? Warum?

_____

4. Welche Gerichte haben dir besonders gut geschmeckt?

_____

5. Welche Gerichte haben dir nicht so gut geschmeckt? Warum?

_____

6. Welche Produkte darfst du nicht essen?

_____

7. Hast du Allergien gegen andere Produkte oder Medikamente?

_____

8. Hast du dich im letzten Jahr verletzt? Hast du dir irgendetwas gebrochen? Was?

_____

Andere Kommentare:

_____

_____

_____

■ Zweite Stufe

1 You are having a dinner party for all your friends. Create two menus for the party: one for your vegetarian guests and one for your other guests.

Menü 1
_____
_____
_____
_____
_____
_____
_____

Menü 2
_____
_____
_____
_____
_____
_____
_____

2 Now you need to make a shopping list. Check off the items that you will need for your dinner party from the **Einkaufsliste** below.

Einkaufsliste

Gemüse/Obst
- ____ Trauben
- ____ Gurken
- ____ Mais
- ____ Tomaten
- ____ Rotkohl
- ____ Äpfel
- ____ Radieschen
- ____ Spargel
- ____ _____
- ____ _____
- ____ _____

Fleisch
- ____ Leber
- ____ Hähnchen
- ____ Speck
- ____ Innereien
- ____ Rehfleisch
- ____ Rippchen
- ____ _____
- ____ _____
- ____ _____

Milchprodukte
- ____ Joghurt
- ____ Milch
- ____ Butter
- ____ _____
- ____ _____
- ____ _____

andere Lebensmittel
- ____ Nudeln
- ____ Erdnussbutter
- ____ Gemüsesuppe
- ____ Sauerkraut
- ____ Brot
- ____ Eier
- ____ Fisch
- ____ _____
- ____ _____
- ____ _____

German 3 Komm mit!, Chapter 1

Übungsheft **7**

3 Sometimes you just can't be specific enough! You're at the supermarket deli asking for various items, but the salesclerk doesn't know exactly which ones you mean. Formulate his questions based on the following example.

BEISPIEL   DU Ich möchte das Brot, bitte. (Schwarz- oder Vollkornbrot)
            ER <u>**Welches Brot? Das Schwarzbrot oder das Vollkornbrot?**</u>

1. DU Ich hätte gern die Rippchen. (Schweine- oder Rinderrippchen)

   ER _____

2. DU Ich möchte bitte die Suppe. (Nudel- oder Gemüsesuppe)

   ER _____

3. DU Ich hätte gern den Salat. (Thunfisch- oder Gurkensalat)

   ER _____

4. DU Ich nehme das Fleisch. (Schweine- oder Rindfleisch)

   ER _____

5. DU Ich möchte die Kartoffeln. (Brat- oder Salzkartoffeln)

   ER _____

4 All parents give their children certain rules to follow. You and your friend Inge are comparing notes about what the two of you may and may not do. Create a dialogue based on the cues to the right.

> Schokolade vor dem Abendbrot essen
>
> viel fernsehen
>
> Rockmusik im Zimmer hören
>
> mit Freunden ins Kino gehen
>
> viel Limo trinken
>
> ausgehen, wenn die Hausaufgaben nicht erledigt sind
>
> lange wegbleiben

DU   _____

INGE _____

DU   _____

INGE _____

DU   _____

INGE _____

DU   _____

INGE _____

5 Label the body parts indicated using the choices in the box.

die Wade	das Schulterblatt	der Kiefer	die Rippe	der Fingernagel
der Ellbogen	die Ferse	das Handgelenk	das Schlüsselbein	die Kniescheibe

1. _____

2. _____

3. _____

4. _____

5. _____

6. _____

7. _____

8. _____

9. _____

10. _____

6 Jochen broke his toe, injured his calf, and sprained his ankle while playing soccer. Now he's gone to Dr. Schmidt and must describe what happened. Fill in the blanks in their conversation appropriately, paying particular attention to accusative and dative reflexive pronouns.

JOCHEN   Guten Tag, Dr. Schmidt.

SCHMIDT   Guten Tag, Jochen. Was ist _____? Was fehlt

_____?

JOCHEN   Ich hab _____ beim Fußballspielen _____. Ich

glaube, ich habe _____ die _____ gebrochen, die

_____ verletzt und das Fußgelenk _____.

SCHMIDT   Das tut _____ echt Leid. Na, jetzt sehen wir mal, welche Knochen wirk-

lich gebrochen sind. (Er drückt Jochens Fußgelenk.) Tut's _____ weh?

JOCHEN   Ja! Ja! Aua!

SCHMIDT   (Er drückt Jochens Zehe.) Wie fühlen Sie _____ jetzt?

JOCHEN   Ich fühle _____ nicht so _____.

SCHMIDT   Tja, Sie haben Recht. Sie haben _____ wohl verletzt, und leider

haben Sie _____ wahrscheinlich die Zehe gebrochen. Ich schicke

Sie jetzt ins Röntgenzimmer (*x-ray room*). Ich hoffe, dass es _____

bald _____ geht.

7 Look at the people pictured below.

a. Write what they would probably say if you asked them **Was fehlt dir?** or **Was haben Sie sich verletzt?**

1. _____

2. _____

3. _____

4. _____

5. _____

b. How would you respond to each of them?

_____

_____

8 You've been given a unique opportunity to interview your favorite German star, and you're curious to find out his or her personal habits. Make a list of questions for your interview. Use the cues to the right for ideas.

Mein Interview mit _____

_____

_____

_____

_____

> **Was Wo   Wer   Welche**
> **Wann   Wie   Warum**
>
> **Lieblingssport   Geburtstag**
> **Wohnort   Lieblingsessen**
> **Verletzungen   Auto**

9 Your friend Tina was planning to come over for dinner tonight, but when you arrive home from the supermarket, you find the following message on your machine.

Hallo! Hier ist Tina. Du, es tut mir echt Leid, ich kann heute Abend leider nicht kommen. Ich habe mir nämlich beim Tennisspielen den Arm verletzt. Ich weiß nicht, vielleicht ist er verstaucht oder gebrochen. Auf jeden Fall tut er mir furchtbar weh. Ich muss jetzt zum Arzt, aber ich rufe dich morgen wieder an. Tschüs!

Now write the message you would leave on her machine to let her know you got her message.

_____

_____

■ Landeskunde

1 Imagine that in 2000 you were with a very international group of students in Bonn for a mock UN meeting. Of course, all of you needed to exchange your various currencies for German marks.

REISESORTEN	Ankauf	Verkauf
1 US-Dollar	1,77	1,88
100 Fr. Schweiz	120,75	122,15
100 Fr. Frankreich	28,65	30,90
100 holl. Gulden	87,50	90,10
100 österr. Schilling	13,98	14,43
1000 ital. Lire	0,96	1,08
100 span. Peseten	1,12	1,25

1. André, a Dutch student, had 500 Gulden. How many marks did he get?

   _____

2. Barbara from Italy wanted to buy a dress for 95 marks. About how many lire did she need to exchange?

   _____

3. Klaus from Austria wanted to buy a CD player for 300 marks. About how many schillings did he need to exchange?

   _____

4. You had $500.00. How many marks did you get?

   _____

2 What has changed since January 2002?

_____

_____

3 Do you think introducing the euro currency across much of Europe was a good idea? Why or why not?

_____

_____

_____

_____

German 3 Komm mit!, Chapter 1

■ Zum Lesen

Have you ever had to give up something you really enjoyed because it wasn't good for you, such as a sport that hurt your knees, or a hobby that hurt your back? If so, think about that experience as you read the following article about Steffi Graf.

Tennisverbot für unsere Steffi: Ist ihr kranker Rücken noch zu heilen?

Sie hat im Tennissport alles erreicht, was man nur erreichen kann: Steffi Graf feierte mehr als 80 Turniererfolge, gewann 1988 den „Golden Slam" (alle vier Grand-Slam-Turniere) und die olympische Goldmedaille und verdiente in ihrer Karriere etwa 100 Millionen Mark.

Doch die Tenniskönigin aus Brühl zahlte einen hohen Preis für ihre Erfolge: Immer wieder leidet die 25jährige unter schlimmen Verletzungen. Das ganze Ausmaß der Tragödie um die blonde Sportlerin wurde im Finale der US-Open in New York deutlich. Im Spiel gegen Arantxa stürzte Steffi im zweiten Satz unglücklich. Die Folge: unerträgliche Schmerzen im bereits lädierten Rücken. Bei jedem Seitenwechsel ließ sich die Gräfin behandeln, schluckte Schmerztabletten, ließ sich mit Salben einreiben. Doch alles

umsonst: Steffi Graf verlor das Finale gegen die kleine Spanierin. Fortsetzung eines Dramas, das zwei Wochen vorher in Montreal begonnen hatte. Auch dort hieß die Endspiel-Gegnerin Arantxa, auch dort streikte Steffis Rücken. Immer wieder sprangen Wirbel heraus, doch die ehrgeizige Brühlerin gab nicht auf: Mit Eisbeuteln versuchte sie, den Schmerz zu lindern, mit einem Stützkorsett stolperte sie über den Platz— chancenlos.

Steffis Verletzung, der unglückliche Höhepunkt einer verkorksten Grand-Slam-Saison: Die Australian Open im Januar gewann sie zwar, doch dann folgten deprimierende Niederlagen. Bei den French-Open in Paris gegen Mary Pierce, in Wimbledon sensationell schon in der ersten Runde gegen die Amerikanerin Lori McNiel, jetzt die Niederlage in New York.

Endlich zog „Fräulein Vorhand" die Konsequenzen, flog zu Professor Dr. Hartmut Krahl nach Essen. „Ich werde so lange pausieren, wie er es für nötig

hält", so die leidgeprüfte Sportlerin. Der Sportmediziner diagnostizierte eine Überlastung des fünften Lendenwirbels und verordnete eine mehrwöchige Regenerationspause. Mit natürlichen Heilmethoden wie Bädern und Bewegungsübungen soll Steffi wieder fit gemacht werden. Schon seit einiger Zeit macht sie ein spezielles Muskeltraining. „Das hat mir sehr geholfen, doch bei Turnieren kann ich es nicht durchführen", verrät Steffi.

Wann sie wieder auf den Tennisplatz zurückkehren wird, weiß niemand: In Zürich (ab 3. Oktober) hoffen die Fans auf Steffis Start, doch die Brühlerin nimmt die Warnzeichen ihres Körpers endlich ernst, will keine dauerhaften Schäden riskieren. Erst vor kurzem dachte sie öffentlich über ihren Rücktritt nach, schmiedet mit Freund Micheal Bartels (26, Formel-3-Rennfahrer) eifrig Pläne für die Zeit nach dem Sport. Kein Zweifel, Steffi ist tennismüde. Ihre Gesundheit geht jetzt vor, auch wenn ihre Fans sie vermissen.

"Tennisverbot für unsere Steffi" from *Das goldene Blatt*. Reprinted by permission of ***Bastei - Verlag***.

1 What is the main point of this article? Is it organized chronologically or with reference to key concepts?

_____

_____

_____

_____

2 Fill in the time line below with the events leading up to Steffi Graf's break from tennis.

3.Okt.

Steffis
Pause

Zürich

3 You don't have to understand every word of an article to get the gist of it, because you can guess at meanings by paying attention to context. Often, German words are part of predictable, often-used phrases that are similar in English. Think of commonly used phrases to determine the meanings of the underlined words in the sentences below.

1. Das ganze <u>Ausmaß</u> der Tragödie ... wurde in New York deutlich.

_____

2. Mit Eisbeuteln versuchte sie, den Schmerz zu <u>lindern</u>.

_____

3. Der Sportmediziner ... <u>verordnete</u> eine mehrwöchige Regenerationspause.

_____

4. [Steffi] <u>nimmt</u> die Warnzeichen ihres Körpers endlich <u>ernst</u>.

_____

5. [Sie] will keine <u>dauerhaften Schäden</u> riskieren.

_____

4 Think about the decision that the tennis star now faces. Would you stop playing tennis if you were in her shoes? What would be the advantages and disadvantages of a decision to quit playing tennis now?

ADVANTAGES   **DISADVANTAGES**

_____   _____

_____   _____

_____   _____

_____   _____

_____   _____

_____   _____

Auf in die Jugendherberge!

◼ Los geht's!

1 Read the following suggestions for vacation spots. Then select the items from the box you think you'd need for each one.

der Badeanzug   der Sonnenschutz   das Surfboard
der Mantel   warme Klamotten
die Taschenlampe   die Fahrkarte
die Wanderstiefel   die Regenjacke   der Ausweis
der Reisepass
das Verzeichnis   das Zelt   die Sonnenbrille

Wir können mal nach Florida fliegen!

_____

_____

Fahren wir doch an die Nordsee!

_____

_____

Ich schlage vor, dass wir in die Berge fahren und dort eine Campingreise machen.

_____

_____

Ich bin dafür, dass wir zum Strand nach Spanien fahren.

_____

_____

Ich bin dafür, dass wir _____

_____

■ Erste Stufe

1 Read the statements below, mark each as **richtig** (R) or **falsch** (F), and then formulate sentences expressing your doubt or certainty of their truth.

_____ **1.** Die Welt ist rund.

_____

_____ **2.** Ein Hut hat immer drei Ecken.

_____

_____ **3.** Die meisten Amerikaner sprechen eine Fremdsprache.

_____

_____ **4.** Man kann in Deutschland immer leicht Unterkunft finden.

_____

_____ **5.** Eine Reise in die Natur macht mehr Spaß als eine Reise in die Stadt.

_____

2 Meike and her friends, Jan and Peter, want to throw a party, but they're having difficulty agreeing on a plan. Fill in the blanks with words from the box below to complete their conversation.

eine bessere Idee	sollen	vorschlagen	vorziehen	dafür	wissen, ob	einem besser gefallen	lieber

MEIKE   Na, Jungs! Ich _____, dass wir dieses Wochenende eine Party machen.

JAN   Ich will nicht.

PETER   Warum nicht? Hast du _____?

JAN   Ja, ich würde _____ in die Berge fahren.

PETER   Ich _____ die Party _____, weil es draußen so kalt ist.

MEIKE   Also, gut. Aber wo _____ wir die Party haben? Was

_____ ihr _____? Und was

_____ wir kaufen?

JAN   (zu MEIKE) Ich bin _____, dass wir bei dir feiern. Dann musst du alles aufräumen.

PETER   Ich _____, dass wir Kuchen, Schokolade und Cola kaufen.

(continued on p. 16)

JAN   Ich _____ nicht, _____ ich genug

Geld dafür habe. _____, wenn die Gäste alles mitbringen.

MEIKE   Mir gefällt es besser, wenn du gar nicht kommst, Jan! Du kannst mal alleine in die
Berge fahren, und wir machen die Party ohne dich.

3 Provide the comparative forms of the opposites of the words below (e.g. **warm :
kühler**). Then fill in the puzzle with your answers.

1. kurz   _____   1. ▢ _ _ _ _ _ _

2. groß   _____   2. _ _ _ ▢ _ _

3. breit   _____   3. _ _ _ ▢ _

4. schlecht   _____   4. ▢ _ _ _ _

5. hässlich   _____   5. _ _ _ _ ▢ _

6. laut   _____   6. ▢ _ _ _ _ _

4 Look at these pictures of different types of accommodations.

a. Write five sentences comparing them.

_____

_____

_____

_____

_____

b. Welche Unterkunft gefällt dir besser? Gib drei Gründe dafür an!

_____

_____

_____

5 Look at this messy room! Write three sentences about where various objects are located and then write three more sentences about where you would put them in order to clean the room up a bit. Be careful to follow prepositions with the dative or accusative case as appropriate.

_____

_____

_____

_____

_____

_____

6 You are about to go on vacation, and your parents would like to help by getting you some of the items you need for your trip. Formulate sentences with **ich wünsche mir** or **ich hätte gern,** telling them where you would like to go and what you would like to have. Use the words in the box for ideas.

BEISPIEL   **Ich hätte gern eine Flugkarte nach Deutschland.**

Urlaub in Deutschland   Sonnenbrille   Wintermantel   neue Schlittschuhe
Flugkarte   Urlaub in Florida   neuer Rucksack   neue Schier
Geld für die Reise

_____

_____

_____

_____

7 Look at these pictures and answer the questions that follow.

KAPITEL 2 Erste Stufe

1. Welches Reiseziel ziehst du vor und warum? _____

2. Welches Reiseziel würden deine Freunde vorziehen? Warum glaubst du das?

   _____

3. Wo kann man wahrscheinlich die günstigsten Preise für Unterkunft und Verpflegung finden? Was denkst du?

   _____

4. Welches Reiseziel hat die schönste Gegend? _____

5. Welcher Ferienort hat das größte kulturelle Angebot? _____

6. Wo kann man den ganzen Tag in der Sonne liegen? _____

8 Pick your favorite vacation destination from Activity 7 or think of one of your own. Then write a travel advertisement for that destination in the space to the right. Make sure you include facts about the following: **Unterkunft, Verpflegung, Preise, Verkehrsmittel, Kosten, usw.** Also consider the following questions as you compose your ad: **Was bietet der Ferienort den Touristen an? Liegt er in einer schönen Gegend? Welche Restaurants und Unterkünfte sind vorhanden? Sind manche Unterkünfte behindertenfreundlich?**

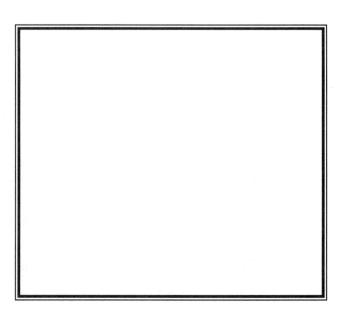

9 Your German friends, Georg and Nina, are coming to the United States next summer for their vacation. They have written you asking for suggestions about what they should do and where they should go when they arrive. Write them a brief letter in the space below, suggesting at least three destinations and providing reasons for them.

Lieber Georg und liebe Nina!

_____

_____

_____

_____

_____

▆ Weiter geht's!

1 What do you think these people are saying to one another? Select the best choice below.

a. — Ist die Jugendherberge sehr weit von der Stadt? Ich würde gern zu Fuß gehen.
— Ja, ich glaube, es ist ziemlich weit bis in die Stadt. Vielleicht sollen Sie sich eine andere Unterkunft suchen.

b. — Hallo! Ich hätte gern ein Unterkunftsverzeichnis für Dallas. Wissen Sie, wo ich eins bekommen kann?
— Es tut mir Leid, aber ich bezweifle, dass wir hier eins haben.

c. — Also, ich habe gehört, dass Sie Flugkarten nach Thailand verkaufen. Können Sie mir sagen, wie viel sie kosten?
— Ja, gerne. Aber sind Sie vielleicht Student? Dann sind die Preise nämlich noch viel günstiger.

2 Answer the following questions based on the picture and the appropriate conversation above.

1. Welches Reiseziel zieht der Junge vor?

_____

2. Wohin würdest du am liebsten reisen? Nach Thailand, Deutschland oder Marokko? Warum?

_____

3. Wenn du der junge Mann wärst, was würdest du fragen?

_____

■ Zweite Stufe

1 Match these pictures with the appropriate statements.

1. _____   2. _____   3. _____   4. _____   5. _____

    a. Sie berät den Touristen.
    b. Sie denkt an ihr Kind.
    c. Er hält einen Vortrag.
    d. Sie nehmen an einer Stadtführung in London teil.
    e. Sie sehen sich die Gedenkstätte an.

2 Read Konrad's exchange with a salesclerk. What is he doing wrong and why is the salesclerk impatient with him? Rewrite the conversation in more polite terms below.

    KONRAD   Ja, Guten Tag! Ich will einen Liter Limonade und ein halbes Pfund Butter.
    VERKÄUFER   *(reicht ihm ungeduldig die gewünschten Produkte)* So bitte! 2 Euro 90.

    KONRAD   _____

                _____

    VERKÄUFER _____

3 Fill in the correct adjective endings on the menu below. Then write sentences demonstrating how you would order the items in a restaurant.

    BEISPIEL   dunkl**es** Brot: **Ich hätte gern das dunkle Brot.**

Speisekarte	griechisch____ Salat
würzig____ Käse	gegrillt____ Fleisch
saur____ Gurken	gekocht____ Schinken

_____

_____

_____

_____

_____

4 Amy has just gotten off the plane in Hamburg, where she plans to study for a year. She needs to get a lot of information. What questions do you think she would ask passers-by and tourist information agents?

Uni

Buchhandlung

Unterkunft

Studentenausweis

Geldwechsel

PLAN

1. _____

2. _____

3. _____

4. _____

5. _____

5 You've gone out to eat with your friend Ute, but she's having trouble deciding what to order. You keep making suggestions, but she responds with bad things she's heard about the foods on the menu.

BEISPIEL   DU   Du sollst mal die Klöße probieren.
               UTE <u>**Nein, ich habe gehört, dass die Klöße hier nicht sehr gut sind.**</u>

DU   Ich schlage vor, dass du den marinierten Schinken isst.

UTE _____

DU   Würdest du gern Schafskäse probieren?

UTE _____

DU   Wie wär's denn mit ein paar Trauben?

UTE _____

DU   Du sollst mal eine Salamipizza essen.

UTE _____

DU   Möchtest du vielleicht eine Cola trinken?

UTE _____

6 In the **Wörterbogen** below, find seven items you might take on a picnic. The letters must be found in order from left to right, but you may skip letters. Be sure to write the correct gender of each word next to your answers!

GKAÜBHMLEÖSBTCFOAHFSLXECKRL

_____

_____

_____

_____

_____

_____

_____

7 Frank, Uschi, Udo, and Sabine are going on a picnic when they reach Weimar, and each of them agrees to bring different items that are needed. Fill in the blanks with what they will bring.

Abfalltüte   Thermosflasche   Gabeln   Schinken   Orangensaft   dunkles Brot
Decke   Kühlbox   Bananen   Trauben   Käse   Besteck   Messer

SABINE   Also, wenn wir picknicken, dann werde ich das Besteck mitbringen,

_____ für den Salat und _____ für Butter und

Brot. Was bringt ihr alles mit?

FRANK   Ohne Essen kann man nichts mit dem _____ anfangen. Ich bringe

_____ und Butter, einen Liter _____ und

_____ , den wir aufs Brot legen können.

USCHI   Und Obst brauchen wir natürlich auch. Ich bringe _____ und

_____ . Und auch etwas _____ zum Brot. Udo,

kannst du mal deine _____ mit heißem Kaffee mitbringen? Und

auch noch deine _____ , damit wir den Käse und den Schinken

kühl halten können?   (continued on p. 23)

UDO   Ja, natürlich. Und ich bringe noch eine _____, weil ihr immer so

schmutzig seid! Oh, und auch eine _____, damit wir nicht direkt

auf dem Rasen sitzen müssen.

SABINE   Na, toll! Dann sind wir völlig ausgestattet!

8 Think of a place you'd like to visit even though you've never been there before. Explain where you'd like to go and why, giving reasons such as things you've heard or seen about it or things you believe to be true about it.

_____

_____

_____

_____

_____

_____

_____

9 As president of your German Club, you have been asked to write a letter of inquiry to a youth hostel in the German city your class has decided to visit next summer. In your letter, ask whether beds are available at the time you plan to be there, what the facilities are like, where it is in the city, etc. Be sure to include a return address so that you can get the information you need!

_____

_____

_____

_____

_____

_____

_____

_____

_____

_____

_____

_____

KAPITEL 2 Zweite Stufe

■ Landeskunde

1 Read the text in your book about **Weimar: Kulturstadt Europas** and then answer
the following questions.

　　1.　What does the author believe was the main reason for Weimar's selection as **Kulturstadt**
　　　　1999? Do you think this was a good reason? Why or why not?

　　　　_____

　　　　_____

　　　　_____

　　2.　Who were the most important cultural figures in Weimar? Do you think they are still
　　　　important to European culture today? To American culture? Why or why not?

　　　　_____

　　　　_____

　　　　_____

　　3.　Would you like to visit Weimar? What tourist attractions are mentioned in the article?

　　　　_____

　　　　_____

　　　　_____

2 Find out what the other cities that were in the running for **Kulturstadt** 1999
have to offer by looking in an atlas, an encyclopedia, or another reference book
and write the information you find in the space below.

_____

_____

_____

_____

_____

3 Do you find it surprising that Weimar was selected from among these choices?
Why were the citizens of Weimar surprised?

_____

_____

_____

KAPITEL 2 Landeskunde

■ Zum Lesen

1 In this chapter you have learned a lot about planning vacations, particularly in Germany. In the article below you'll learn about one of the Germans' favorite vacation destinations—Andalusia, Spain. Look up Andalusia in an atlas or an encyclopedia and write down major cities and climatic conditions.

_____

_____

2 Now that you know a little about Andalusia, what do you expect to read about in the article below?

_____

_____

Andalusien: *Spaniens schöner Süden*

Tief im Süden der iberischen Halbinsel liegt eine der schönsten Landschaften Europas. Das immergrüne Andalusien mit seinen Bergen, Tälern, Flüßchen, Seen und den weltberühmten „weißen Dörfern" bezaubert Besucher aus aller Welt.

Hier, in der Region zwischen Granada, Sevilla und Cordoba, ist der Urlauber auch noch im Spätherbst oder Winter gut aufgehoben. Die Temperaturen sinken selten unter 15 Grad. Da schmeckt der „Café con leche" (Milchkaffee) auf der Terrasse nochmal so gut.

Sanft ansteigende Berge bieten einen herrlichen Blick über die Küste. Mijas, rund 10 Kilometer von Fuengirola entfernt, ist eines der schönsten „weißen Dörfer". Das malerische Städtchen mit dem romantischen Marktplatz wirkt wie an den Berg geklebt. Eine Besonderheit sind hier die Eseltaxis, auf denen Sie einen Rundritt durch die engen Gassen von Mijas machen können. Die braven Mulis sind sogar mit Nummernschildern und Rückspiegel ausgestattet!

Zu den beeindruckendsten Orten gehört Ronda. Eine klaffende, bis zu 200 Meter tiefe Schlucht trennt die maurische Altstadt von der Neustadt. Eine alte Steinbrücke führt über den Abgrund. In Ronda steht auch die älteste Stierkampfarena, sie wurde 1784 erbaut.

Wahrhaft „königlich" ist der Ort Loja, von Malaga aus in einer guten Stunde zu erreichen. In der 5-Sterne-Hotelanlage „La Bobadilla" wohnt von Zeit zu Zeit sogar König Juan Carlos von Spanien.

Eine der schönsten Straßen Andalusiens verbindet Almuñecar an der Küste mit dem Suspiro-del-Moro-Paß in der Sierra Nevada. Um die Gegend zu erkunden, brauchen Sie kein Auto. Organisierte Busfahrten zeigen Ihnen die ganze Pracht der Landschaft, während Sie sich bequem im Sessel zurücklehnen.

"Andalusien - Spaniens schöner Süden" from *Das neue Blatt*. Reprinted by permission of *Heinrich Bauer Achat KG*.

3 Answer the following questions based on what you read.

    1. How does the article describe the climate and landscape of Andalusia?

    _____

    2. What are some of the cities and sights in Andalusia?

    _____

    _____

    3. Why would Germans enjoy going to Andalusia in the winter? What does the author suggest?

    _____

    4. Based on the supporting details you've just written about, what do you think is the main point of the article?

    _____

4 What do you think the following words and phrases mean? Use context to guess.

    1. Hier ... ist der Urlauber noch im Spätherbst oder Winter <u>gut aufgehoben</u>.

    _____

    2. Das malerische Städtchen ... wirkt wie an den Berg <u>geklebt</u>.

    _____

    3. Die braven Mulis sind sogar <u>mit Nummernschildern und Rückspiegel ausgestattet</u>.

    _____

    4. Um die Gegend zu <u>erkunden</u>, brauchen Sie kein Auto.

    _____

5 Would you want to visit Andalusia on the basis of this article? Why or why not?

_____

_____

6 Which of the activities mentioned would you most like to do?

_____

_____

7 Based on what you learned from your atlas or encyclopedia, do you think this article gives a realistic picture of Andalusia? Why or why not?

_____

_____

KAPITEL 2 Zum Lesen

KAPITEL 3

Aussehen: wichtig oder nicht?

■ Los geht's!

1 Complete the statements below based on what you can infer from the following picture.

_____ 1. Er zieht sich sehr ___ an.
    a. schlampig
    b. modisch
    c. fesch

_____ 2. Er isst
    a. nur, was dick macht.
    b. nur, was gesund ist.
    c. viel Schokolade.

_____ 3. Er macht ___ Sport.
    a. keinen
    b. sehr viel
    c. ein bisschen

_____ 4. Ihm ist sein Aussehen
    a. sehr wichtig.
    b. ziemlich wichtig.
    c. egal.

German 3 Komm mit!, Chapter 3

■ Erste Stufe

1 Match these pictures with the appropriate descriptions.

_____ _____ _____ _____ _____

    a. Er zieht sich modisch an.   **d.** Sie schminkt sich.
    b. Er macht regelmäßig Training.   **e.** Er nimmt ab.
    c. Sie ernährt sich gut.

2 Imagine you are a diet counselor and you are writing up your advice to one of your clients. Use the notes to the right to formulate a plan recommending what he or she should do to lose weight and improve his or her health.

> 4 Kilo in 2 Wochen abnehmen
> regelmäßig Training machen
> sich vom Essen mit Sport ablenken
> nicht so viel Schokolade essen
> vollwertiges Brot essen
> wenn etwas schief geht, mich anrufen

_____

_____

_____

_____

_____

_____

3 You and your friend are out shopping for the high school prom and you want to make sure you make a good impression on your date. Ask for opinions about the following clothing items and write your friend's responses.

> ■ lässig schick fesch
> ■ modisch bequem
> ■ fetzig altmodisch

    1. ein grauer Anzug

_____

_____

(continued on p. 29)

2. eine gestreifte Krawatte

_____

_____

3. ein schwarzer Hut

_____

_____

4. ein langer Rock

_____

_____

5. hohe Absätze

_____

_____

6. lange Handschuhe

_____

_____

4 Each of the following people does something different to improve his or her mood. Fill in the blanks, and then use the words you filled in to complete the puzzle.

1. Erich _____ sich für ein Schläfchen hin.

2. Monika liest gern ein _____.

3. Ulrike macht _____.

4. Thomas _____ spazieren.

5. Sabine kauft sich neue _____.

6. Andreas fährt _____.

7. Inge hört sich _____ an.

8. Olaf macht _____ in seiner Wohnung.

9. Peter ruft seine _____ an.

1. __ __ __ __

2. __ __ __ __

3. __ __ __ __ __

4. __ __ __ __

5. __ __ __ __ __ __ __ __

6. __ __ __

7. __ __ __ __

8. __ __ __ __ __ __ __

9. __ __ __ __ __ __ __ __

Was machst du, um deine Laune zu heben?

_____

5 Benjamin's mother is always telling him what he should do. What do you think she says in each of the following situations?

BEISPIEL   Benjamin isst Schokolade.
          MUTTER **Du ernährst dich falsch.**

1. Benjamin zieht sich schlampig an.

   MUTTER _____

2. Benjamins Zimmer ist sehr unordentlich.

   MUTTER _____

3. Benjamin sitzt den ganzen Nachmittag vor dem Fernseher.

   MUTTER _____

4. Benjamin hat im letzten Jahr fünf Kilo zugenommen.

   MUTTER _____

5. Benjamin geht heute Abend auf eine Fete.

   MUTTER _____

6 Meike is talking to her roommate, Annette, but Annette has her headphones on and doesn't understand the words underlined below. Fill in the blanks in their conversation with the questions she asks in order to get clarification.

MEIKE   Ich bin gestern Abend <u>mit Michael</u> ausgegangen.

ANNETTE _____ bist du ausgegangen?

MEIKE   Mit Michael. Wir haben <u>über die Schule</u> gesprochen.

ANNETTE _____ habt ihr gesprochen?

MEIKE   Über die Schule. Michael hat <u>an die neue Schülerin</u> aus Frankreich gedacht.

ANNETTE _____ hat er gedacht?

MEIKE   An die neue Schülerin. Aber dann haben wir uns <u>mit einem Film</u> beschäftigt.

ANNETTE _____ habt ihr euch beschäftigt?

MEIKE   (*ungeduldig*) Mit einem Film! Vielleicht sollst du mal die Musik ausschalten. Ich gehe jetzt <u>in den Supermarkt</u> einkaufen!

ANNETTE _____ gehst du?

7 Rewrite the following sentences, replacing the underlined prepositional phrases with the appropriate **da**-compounds.

1. Wir denken oft <u>an unsere Noten</u>.

   _____

(continued on p. 31)

2. Er lenkt sich oft <u>mit Sport</u> ab.

   _____

3. Ich halte sehr wenig <u>von Biokost</u>.

   _____

4. Du achtest schon <u>auf dein Aussehen</u>.

   _____

5. Sie macht sich oft Gedanken <u>über ihre Kleidung</u>.

   _____

8 Rewrite each of the sentences below using **da**-compounds to make the under-lined phrase more specific.

BEISPIEL   Ich achte schon auf meine <u>Kleidung</u>.
                 <u>Ich achte schon darauf, wie ich mich anziehe.</u>

1. Ich denke sehr oft <u>an die Zukunft</u>.

   _____

2. Ich beschäftige mich <u>mit der Mode</u>.

   _____

3. Ich mache mir Gedanken <u>über meine Ernährung</u>.

   _____

4. Ich spreche sehr gern <u>über die Ferien</u>.

   _____

5. Ich halte sehr viel <u>von meinen Freunden</u>.

   _____

9 Uwe needs your help! Tell him what he needs to do in order to improve his appearance and his overall health and fitness.

_____

_____

_____

_____

_____

_____

KAPITEL 3 Erste Stufe

■ Landeskunde

1 Read the article **Tekkno-Fieber** in your textbook.

a. In the spaces below, write words from the article that you think refer to clothing.

_____   _____

_____   _____

_____   _____

_____   _____

b. Write words that you think refer to sounds and visual effects.

_____   _____

_____   _____

_____   _____

_____   _____

2 Circle the clothing items above that you would wear if you went to a **Tekkno-Party**. Would you want to go to one? Why or why not?

_____

_____

_____

3 Imagine you are going to have a party at home. Will you have a **Tekkno-Party** or will you select some other theme and music? Describe the music, theme, and costumes you will select for your party.

_____

_____

_____

_____

_____

■ Weiter geht's!

1 For each food pictured, answer the question: **Was hältst du davon?**

_____

_____

_____

_____

2 Read the following statements about fashion and mark those with which you agree.

_____ Ich passe mich meinen Freunden an.

_____ Man beurteilt andere manchmal nach der Kleidung.

_____ Ich trage immer den letzten Schrei.

_____ Manche Leute tragen, was „in" ist, weil sie dann bei anderen gut ankommen.

_____ Mit der Mode drücke ich meine Gefühle aus.

_____ Ich kaufe halt, was mir gefällt.

_____ Es ist zu teuer, mit der Mode mitzumachen.

_____ Ich habe meinen eigenen Stil entwickelt.

_____ Ich lasse mich von anderen beeinflussen.

_____ Ich ziehe mich ausgeflippt an.

KAPITEL 3 Weiter geht's!

■ Zweite Stufe

1 Answer the questions below the pictures by writing the appropriate letters in the blanks.

a.   b.   c.   d.   e.

_____ 1. Wer trägt den letzten Schrei?

_____ 2. Wer entwickelt seinen oder ihren eigenen Stil?

_____ 3. Wer kommt bei anderen gut an?

_____ 4. Wer passt sich den Freunden an?

_____ 5. Wer ist ausgefallen oder ausgeflippt angezogen?

2 Andreas is having a run of bad luck and he's telling his father and his sister about it. His father responds sympathetically, but his sister isn't the least bit understanding! She'd rather just tell him what to do. Select statements from the box to show what his father and his sister said.

> Wie schrecklich!
>
> Es tut mir Leid.
>
> Du solltest eine Reise machen.
>
> Lass dir doch die Haare schneiden!
>
> Das ist ja schlimm!
>
> So ein Pech!
>
> Du solltest doch positiver denken.
>
> Warum bleibst du nicht zu Hause?
>
> Du solltest nicht so viel Geld für teure Klamotten ausgeben.
>
> Das ist echt schade!

BEISPIEL   Ich habe eine Pechsträhne.
          VATER <u>Das muss schlimm sein.</u>
   SCHWESTER <u>Du solltest doch positiver denken.</u>

1. Ich habe kein Geld.

       VATER _____

  SCHWESTER _____

2. Ich habe meinen Job verloren.

       VATER _____

  SCHWESTER _____

(continued on p. 35)

3. Meine Freunde sind nach Amerika gezogen.

    VATER _____

    SCHWESTER _____

4. Mein Auto ist kaputt.

    VATER _____

    SCHWESTER _____

3 You've gone to Dr. Schimmel complaining of your pains, but she thinks most problems are caused by clothing. Write the advice she gives you for each of your problems.

BEISPIEL   Mir tun die Füße weh!

        An Ihrer Stelle würde ich nicht so hohe Absätze tragen.

1. Mir tut der Rücken weh.

    _____

2. Meine Ohren tun mir weh.

    _____

3. Ich habe Halsschmerzen.

    _____

4. Ich habe Kopfschmerzen.

    _____

5. Meine Schulter tut mir weh.

    _____

6. Meine Beine tun mir ständig weh.

    _____

4 Read the story below and then write four or five sentences explaining why you think the student acted as she did. Be sure to use **damit**, **um ... zu**, and **weil** in your explanation.

    Eine Schülerin ist mit vielen Freunden in die Disko gegangen. Sie hat sich eine Cola bestellt. Sie nahm die Cola aus der Hand des Kellners, sah seine Hand an, erschrak und lief aus der Disko. Dann nahm sie sofort den Zug nach Frankreich.

_____

_____

_____

_____

_____

KAPITEL 3 Zweite Stufe

5 Make sentences out of the following fragments. Be sure to insert **zu** where necessary.

1. Er / wollen / nach Hause / gehen.

   _____

2. Sie (sg) / würden / gern / nächstes Jahr / nach Italien / reisen.

   _____

3. Wir / versuchen / die Medien / beeinflussen.

   _____

4. Ihr / vorhaben / sich / euren Freunden / anpassen.

   _____

5. Du / versuchen / mehr / auf dein Aussehen / aufpassen.

   _____

6 Imagine it's New Year's Eve and you're all set to write your New Year's resolutions. However, you're not quite certain about some of them. Fill in the list on the right and make sure to add **zu** when necessary.

Im kommenden Jahr …
will ich _____
werde ich _____
werde ich versuchen, _____
würde ich gern _____
habe ich vor, _____
muss ich _____

7 Look at the pairs of pictures below and determine what the people in them must admit or regret. Write a sentence describing each using **bedauern** or **zugeben**. Fill in number 5 for yourself.

1. _____

   _____

2. _____

   _____

3. _____

   _____

(continued on p. 37)

German 3 Komm mit!, Chapter 3

4. _____

_____

5. _____

_____

8 Ines is talking about fashion and health. Fill in the blanks with words from the box below to complete what she says.

> wichtig   zusammenpassen   angeht   Essen   Geld   regelmäßig
> Klamotten   teuer   achte   vollwertige   damit   aufpassen

Mir ist mein Aussehen _____. Was die Mode _____, kaufe

ich mir _____, die _____, aber ich habe nicht viel

_____. Daher muss ich _____, dass die Klamotten nicht zu

_____ sind.

Ich _____ auch sehr auf das _____. Ich esse nur

_____ Sachen wie Gemüse und Schwarzbrot. Ich mache auch

_____ Training, _____ ich nicht zunehme. Was machst du für

dein Aussehen und deine Gesundheit?

9 Cut out a picture of a person from a fashion magazine. Then, using Activity 8 as a model, write what you think this person would say about appearance, including fashion, nutrition, and exercise. You may use a picture of yourself instead if you want to.

_____

_____

_____

_____

_____

_____

_____

■ Zum Lesen

1 A good title often reveals the main point of an article, and subtitles often give clues about the supporting details. Read the title and subtitle of the article below and then write what you predict you will read.

_____

_____

Das Dorf der Glückseligen:

In Campodimele/Italien werden die Bewohner über 100 Jahre alt, sie lieben die Arbeit, haben nie Streit

Von weitem wirkt das mittelalterliche Dorf, als ob man die Häuser an einen Felsen der Ausonis-Berge geklebt hätte. Ganz eng kuscheln sie sich an den grünen Hang. Campodimele (150 Kilometer südlich von Rom) besteht aus vier Kirchen, einem Restaurant, rund 400 Häusern und hat 850 Einwohner. Ach ja, eine Apotheke gibt es auch, aber die macht ständig Pleite, weil selten jemand etwas braucht. Die Bewohner sind gesund und leben länger als die meisten Menschen. 20 sind zwischen 90 und 102, kamen ins Guinness-Buch der Rekorde.

Jetzt wertete die Weltgesundheitsorganisation (WHO) die seit 1985 gemachten Tests mit 47 Frauen und 45 Männern zwischen 76 und 102 aus. Das Ergebnis: Ihr Cholesterinwert ist niedriger als bei Neugeborenen, Bluthochdruck ist unbekannt. Die Menschen bewegen sich viel in der frischen Luft. Und die ist sauber. Es gibt keine großen Temperaturschwankungen. Im Sommer wird es dank der Berge nie sehr heiß und im Winter auch nie eiskalt. Die Bewohner essen kein Fleisch, sondern viel Gemüse, Pilze und Getreide.

Nur drei Autos quälen sich durch die engen Gassen. Das gängigste Beförderungsmittel sind Esel und Pferde. Was am meisten in Campodimele beeindruckt, ist die Stille. Nichts vom stimmgewaltigen Palaver anderer italienischer Orte. Hier wird geflüstert wie in feinen Salons, selbst auf der Piazza (Dorfplatz) mit den Sitzen aus mittelalterlichen Steinen. Keiner kann sich an einen Streit unter den Bewohnern erinnern oder gar an Gewalttätigkeit. Die „Campodimelesi" haben Schimpfen, Ärgern und Schlagen schlicht verlernt.

Bürgermeister Paolo Zannella nennen alle nur „Bambino" (Kind), weil er erst 47 Jahre alt ist. Er hat eigentlich wenig zu tun, empfängt im Sommer die Touristen, etwa 2000 pro Jahr aus ganz Europa. „Von unseren alten geht niemand in die Pension. Sie bekommen nur eine kleine Rente von 250 Euro, wollen bis zuletzt arbeiten. ‚Was sollen wir sonst den ganzen Tag tun?' sagen sie."

Fernweh plagt hier niemanden. Einige sind mal zum Einkaufen ins 13 Kilometer entfernte Lenola gefahren. Die größere Stadt Fondi (20 km), in die die Kinder per Bus zur Schule gebracht werden, war den meisten viel zu laut.

Rosaria (80) hat in ihrem Leben nie mehr als drei Kleider besessen. „Wozu? Die kann man doch nicht auftragen."

From "Das Dorf der Glückseligen" from _Frau im Spiegel,_ no. 39, pp. 14 and 15. Reprinted by permission of **_Redaktion Frau im Spiegel._**

2 Answer the following questions based on what you read.

1. What characteristics of the Campodimelians make them fortunate?

_____

2. Why do they live so long? What does the author think?

_____

3. How do the Campodimelians get around? What do they eat?

_____

4. Why, according to the mayor, do the old people of the village choose not to retire?

_____

5. Do the people of the village like to travel? Why or why not?

_____

3 Determine the meanings of the following words from context.

1. Ganz eng <u>kuscheln</u> sie <u>sich</u> an den grünen Hang.

   _____

2. Es gibt keine großen <u>Temperaturschwankungen</u>.

   _____

3. Nur drei Autos quälen sich durch die engen <u>Gassen</u>.

   _____

4. Hier wird <u>geflüstert</u> wie in feinen Salons.

   _____

5. Sie bekommen nur eine kleine <u>Rente</u> von 250 Euro.

   _____

4 In this chapter, you have learned a lot about what young Germans do for the sake of appearance and health. What are some of the major differences between the Germans' views and those of the Campodimelians? Do you think that appearances are important to the Campodimelians?

GERMANS	CAMPODIMELIANS
_____	_____
_____	_____
_____	_____

5 Would you like to live in this village? Why or why not? Would you like to visit it?

_____

_____

_____

_____

6 Do you think it is possible for people to live so long in other parts of the world? What aspects of Campodimelian life could we imitate in our culture and which ones would it be impossible for us to adopt?

_____

_____

_____

_____

KAPITEL 3 Zum Lesen

Name _____ Klasse _____ Datum _____

Verhältnis zu anderen

■ Los geht's!

1 Our interviewer wrote his questions on one page and people's answers on another. Help him figure out which questions go with which answers. Write the number of the appropriate question in the blank before each answer.

1. Wie kommt ihr mit euren Eltern aus?
2. Wie kommt ihr mit euren Geschwistern aus?
3. Wer gehört eurem Freundeskreis an?
4. Wer sind eure Freunde?
5. Worum geht es bei den Problemen zu Hause?
6. Worüber streitet ihr manchmal mit den Eltern?
7. Wie würdet ihr euer Verhältnis mit Freunden beschreiben?

—— Ich komme gut mit ihnen aus.

—— Wir haben eigentlich wenig Krach miteinander.

—— Manchmal streiten wir, wenn ich ausgehe, ohne meine Hausaufgaben zu erledigen.

—— Es geht darum, dass ich mich manchmal so ausgeflippt anziehe. Das können sie nicht leiden.

—— Ach, der Freundeskreis besteht aus all den Kumpeln. Wir verstehen uns alle ganz gut.

—— Na ja, mit meinem Bruder verstehe ich mich nicht so gut. Wir streiten immer. Aber mit meiner Schwester komme ich ganz gut aus.

—— Ich gehöre einer großen Clique an. Wir gehen gern zusammen auf Tekkno-Partys.

—— Sie verstehen mich nicht. Sie wollen noch, dass ich ein Kind bin, aber ich bin doch jetzt erwachsen.

—— Ich kann mir meine eigenen Freunde aussuchen.

—— Meine älteste Schwester schimpft immer mit mir. Der Streitpunkt ist das Zimmer, das wir uns teilen.

2 Do any of the statements above apply to you?
Write them in the space below.

_____

_____

_____

_____

■ Erste Stufe

1 Jochen, a German, and Theresa, an American, are on a game show. Jochen has to make a statement. If Theresa thinks it's a true statement, she agrees with him; if she thinks it's false, she disagrees with him. Write her responses below.

    1. Ich denke, die Hauptstadt von Deutschland ist München.

    _____

    2. Ich glaube, die neuen Bundesländer sind Brandenburg, Mecklenburg-Vorpommern, Sachsen-Anhalt, Thüringen und Sachsen.

    _____

    3. Bei uns in Deutschland gehören die meisten jungen Leute Cliquen an.

    _____

    4. Ich glaube, dass die meisten Amerikaner keine Fremdsprache können.

    _____

    5. Ich weiß, dass Dallas die Hauptstadt von Texas ist.

    _____

    6. Ich denke, dass das Wetter in Kalifornien oft sonnig und klar ist.

    _____

2 Write out the following important dates. Make sure you use the correct forms of the ordinal numbers.

    1. Wann feiern die Amerikaner ihre Unabhängigkeit?

    _____

    2. Welches Datum ist heute?

    _____

    3. Welches Datum war vor einer Woche? Welches Datum ist in einer Woche?

    _____

    4. Wann hat dein bester Freund oder deine beste Freundin Geburtstag?

    _____

    5. Was ist dein Lieblingsfeiertag? Wann ist er?

    _____

3 Fill in the blanks with the correct relative pronouns. Then put the pronouns in the crossword puzzle.

Across:

1. Das Auto, _____ ich haben möchte, ist leider viel zu teuer.

2. Die Kinder, _____ den Kindergarten besuchen, bekommen Obst, Brot und Milch in der Pause.

4. Ich habe meine Freunde, _____ ich mich angepasst habe, gestern in der Stadt getroffen.

5. Der Mann hat die Frau besucht, _____ er einen Blumenstrauß gegeben hat.

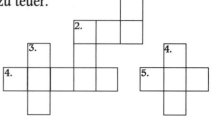

Down:

1. Die Frau, über _____ ich eben geredet habe, ist sehr freundlich.

2. Die Schüler, _____ sich jeden Tag im Café treffen, sehen ganz jung aus.

3. Ich gehöre einem Freundeskreis an, _____ ich gern mag.

4. Das Mädchen, mit _____ die anderen gern Tennis spielen, wohnt leider ziemlich weit von hier.

4 What do most young people in Germany like to do in their free time? Look at the chart on the right.

Freizeitaktivitäten	
mit der Clique ausgehen	50%
Sport treiben	23%
einkaufen gehen	10%
ein Buch oder eine Zeitschrift lesen	7%
fernsehen	6%
einen Spaziergang machen	1%

a. Incorporating ordinal numbers, write sentences describing the order of popularity of the activities in the chart.

BEISPIEL   **<u>Die zweite Aktivität ist Sport treiben.</u>**

_____

_____

_____

_____

_____

_____

b. Welche Freizeitaktivität machst du am liebsten?

_____

_____

_____

5 Look at the following pairs of names and decide how those two people would probably get along with one another. Describe their relationship in the spaces.

BEISPIEL   Madonna / James Dean
              <u>Sie würden gut miteinander auskommen.</u>

1. Troy Aikman / Julia Roberts

   _____

2. Helmut Kohl / Boris Yeltsin

   _____

3. Bill Clinton / Saddam Hussein

   _____

4. Paul McCartney / Sinead O'Connor

   _____

5. Eddie Murphy / Robin Williams

   _____

6 Match each of the sentences below with the most appropriate sentence on the pinwheel. Then rewrite the two sentences as one complex sentence with a relative clause.

BEISPIEL

Meine Eltern wollen immer, dass ich ganz früh nach Hause komme.
<u>Meine Eltern, mit denen ich ein problematisches Verhältnis habe, wollen immer, dass ich ganz früh nach Hause komme.</u>

1. Stephan hat einen großen Freundeskreis.

   _____

2. Die Freunde sind sehr intelligent und können gut argumentieren.

   _____

3. Harald streitet immer mit seinen Eltern.

   _____

4. Die Bikerclique besteht aus sehr interessanten Leuten.

   _____

5. Meine Eltern verstehen, dass ich kein Kind mehr bin.

   _____

7 Read the following description of an argument. Then answer the questions below.

Andrea ist um 2 Uhr morgens nach Hause gekommen. Ihre Mutter war noch wach und hat geschimpft, weil Andrea so spät nach Hause gekommen ist. Sie hat auch geschimpft, weil Andrea sofort in die Küche gegangen ist und viel gegessen hat, ohne das Geschirr wegzustellen. Andrea hat ihrer Mutter nicht zugestimmt. Sie hat gedacht, dass sie jetzt erwachsen ist. Sie darf also jetzt alles machen, was sie will.

1. Worum geht es in diesem Streit?

   _____

   _____

2. Wie würdest du das Verhältnis zwischen Andrea und ihrer Mutter beschreiben?

   _____

   _____

3. Wem gibst du hier Recht? Warum?

   _____

   _____

4. Was würdest du an Andreas Stelle machen oder sagen?

   _____

   _____

5. Glaubst du, dass Andrea wirklich erwachsen ist? Begründe deine Antwort!

   _____

   _____

8 Imagine you've just had an argument with your parents or your friends. Write a journal entry in the space below describing the argument, what it was about, why you disagree with the other person's point of view, and how you plan to resolve the situation.

_____

_____

_____

_____

_____

_____

_____

Name _____ Klasse _____ Datum _____

■ Weiter geht's!

1 Match the sentences with the drawings below. Then fill in the blanks within the sentences with the correct relative pronouns.

1. _____   2. _____   3. _____

4. _____   5. _____

1. Der Junge, mit _____ die anderen nicht spielen, gestaltet seine Freizeit anders.

2. Das Mädchen, _____ ein Buch liest, sondert sich von den anderen ab.

3. Die Cliquen, von _____ wir gesprochen haben, bleiben zum größten Teil unter sich.

4. Der Punker, _____ aufsässig ist, demonstriert für die anderen Schüler.

5. Die Frau, _____ aus der Türkei kommt, hat natürlich andere Sitten und Gebräuche als die meisten Deutschen.

■ Zweite Stufe

1 Rephrase the underlined parts of the following sentences with choices from the box.

sich Sorgen machen um	**verbieten**	**sich schwer tun**	**andere Sitten und Gebräuche haben**	**selber schuld sein an**

1. Sie <u>denkt viel über ihren Sohn nach</u>, weil er schlechte Noten bekommt.

   _____

2. Die türkischen Schülerinnen <u>finden es nicht leicht</u>, in Deutschland zu wohnen.

   _____

3. Sie machen alles anders, <u>weil es so von der Kultur bestimmt wird</u>.

   _____

4. Das Problem <u>hängt von ihm ab</u>, weil er seine Hausaufgaben nie erledigt.

   _____

5. Die Kinder dürfen keine Schokolade essen, weil die Eltern das <u>nicht erlauben</u>.

   _____

2 Form sentences from the clues below using **wäre**, **hätte**, and **würde** as appropriate.

BEISPIEL   einen guten Job haben / sich einen BMW kaufen
   Wenn ich einen guten Job hätte, würde ich mir einen BMW kaufen.

1. beliebt sein / einen großen Freundeskreis haben

   _____

2. Geschwister haben / eine Schwester oder ein Bruder sein

   _____

3. berufstätig sein / ein großes Haus mit Garten besitzen

   _____

4. in Deutschland wohnen / Deutsch besser sprechen

   _____

5. aus einem anderen Land sein / Freizeit anders gestalten

   _____

   _____

3 Anja is an exchange student from Germany who has been living in America for a year. Now it's time for her to return home, but first she has to give back all the items she has borrowed from friends and teachers. Using the genitive case or the preposition **von** as appropriate, look at the objects below and write sentences describing whose they are.

BEISPIEL Gastmutter
Das sind die Schlüssel der Gastmutter.

1.  **Deutschlehrerin**

_____

2. **Gastbruder**

_____

3. **Annette**

_____

4.  **Mathelehrer**

_____

5.  **Nachbarin**

_____

4 Your friend Helmut has a lot of good ideas and thinks he can solve many of the world's problems. You try to present alternative points of view.

BEISPIEL   HELMUT   Wenn Eltern nichts verbieten würden, dann würden sie keine Probleme mehr mit den Kindern haben.
          DU   **Das mag schon sein, aber vielleicht würden die Kinder große Schwierigkeiten in der Schule haben.**

1. Wenn die Ausländer sich anpassen würden, würden wir gut mit ihnen auskommen.

_____

2. Wenn Leute keine Autos mehr hätten, wäre die Luft viel sauberer.

_____

3. Wenn ich sehr viel Geld hätte, würde ich es hungrigen Leuten geben.

_____

4. Wenn die Leute ihre Vorurteile einfach aufgeben würden, wäre die Welt viel schöner.

_____

5. Wenn Leute andere Länder besuchen würden, würden sie andere Kulturen besser verstehen.

_____

5 Draw a family tree in the space below, including extended family. Label each person's relationship to you (i.e. **Vater**, **Mutter**, **Schwester**, etc.). Then describe at least seven of those relationships below.

BEISPIEL   <u>Gus, mein Großvater, ist der Vater meines Vaters.</u>

_____

_____

_____

_____

_____

_____

_____

_____

_____

6 Look back over your family tree and describe how some of your relatives get along with each other.

BEISPIEL   <u>Meine Schwester versteht sich ganz gut mit der Tante Anna.</u>

_____

_____

_____

_____

7 For better or for worse, many stereotypes of people from different countries exist. These stereotypes often arise because people fail to understand the foreigners' point of view. Fill in the chart below in German with stereotypes you believe exist about the people listed. Then, in the space on the next page, provide another point of view or give reasons for their differences.

Leute	Stereotype
Türken	
Griechen	
Italiener	
Deutsche	
Amerikaner	
Mexikaner	
Kanadier	

_____

_____

_____

_____

_____

_____

_____

8 Ute is new in America and wants to get to know some people, but she doesn't feel very comfortable in the United States yet. Read what she tells the German teacher at her new school. What advice would you give her? Use the space below to answer.

> Na, ja. Ich will amerikanische Freunde haben, aber es fällt mir schwer. Ich fühle mich isoliert, weil ich Schwierigkeiten mit der englischen Sprache habe. Aber ich denke, die Amerikaner glauben, dass ich mich von ihnen absondere. Vielleicht bin ich selber schuld daran, aber ich traue mich nicht, sie anzusprechen. Können Sie mir Rat geben?

_____

_____

_____

_____

_____

_____

9 Pick a topic we've discussed in this chapter, such as prejudices against foreigners, problems between parents and children, or belonging to a clique. Write a brief essay about the topic you choose. In your essay you should present a point of view with which you disagree, explain why you disagree, and give your own point of view on the subject. You may want to plan your essay on another sheet of paper.

_____

_____

_____

_____

_____

_____

_____

_____

■ Landeskunde

1 Read the information in your book about the German school system. Imagine you had gone to school in Germany. Which educational path do you think you would have taken? Would you like that better than what you're doing now? Why?

_____

_____

_____

2 Look at these statements about school systems. Then, using the information on p. 106 of your textbook, decide to which school system each statement applies.

Characteristics	die Vereinigten Staaten	Deutschland
Late bloomers can always improve when they get older and go to college.		
Students can specialize early and learn more of what they need to know.		
Students can stay with the same friends all through school.		
Students can start earning money early.		
Students can have classmates from a variety of different socioeconomic and ethnic backgrounds.		
There's a lot of pressure on students from a very young age.		
Students are exposed to many different subject areas so they can explore their interests.		

3 Every school system has advantages and disadvantages, and neither the American nor the German school system is perfect. If you were in charge of designing a public school system, how would you organize it? In the space below, draw a chart of the different levels and paths of education your plan would include.

■ Zum Lesen

1 Before you read the following article, think about these questions:
What does the term 'family' mean to you? What kind of family do you have or hope to have one day? Do you think it is easy to have a family in America today?

Miteinander leben und sich engagieren

Familien ohne Grenzen

Das internationale Jahr der Familie ist in vollem Gange. Es soll in Deutschland Anstöße geben, Öffentlichkeit herstellen und für die Interessen und Bedürfnisse von Familien Bewußtsein schaffen. Bewußtsein als Voraussetzung für Verständnis um die schwierige Lebenssituation vieler Familien in Deutschland.

Was bedeutet Familie heute?

Menschen gestalten ihr Familienleben in einer freien und offenen Gesellschaft sehr unterschiedlich. Bei dem Wort Familie denken wir in erster Linie an die Familie als Kernfamilie, doch diese Definition greift für die Beschreibung der aktuellen Lebenswirklichkeit zu kurz. Die Zunahme der nicht-ehelichen Lebensgemeinschaften, der Single- und alleinerziehenden Haushalte in Verbindung mit den seit den siebziger Jahren niedrigen Geburten- und Heiratszahlen unterstreichen das zuvor Gesagte eindrucksvoll. Das stark zugenommene Scheidungsrisiko ist als weiterer Hinweis für sich verändernde Lebenswirklichkeit anzusehen. Besonders auffallend ist hier die Entwicklung in den neuen Bundesländern. Dort ist ein in der Bevölkerungsstatistik fast einmalig kurzfristiger Abfall der Geburten und Heiraten zu vermerken. Dies ist sicherlich als Reaktion auf die durch die Öffnung der Grenze verursachten Unsicherheiten zu verstehen.

Familie als Lebensideal

Die hohen Scheidungsraten, das Ansteigen der Single-Haushalte widersprechen vordergründig der These, daß viele Bundesbürger die Familie nach wie vor als ihr persönliches Lebensideal betrachten. Mehr als achtzig Prozent der Deutschen haben sich für diese Lebensform entschieden. In der persönlichen Bedeutung aller Lebensbereiche steht die Familie in den neuen Bundesländern an erster, in den alten Bundesländern an zweiter Stelle (nach Gesundheit). Dies legt die Vermutung nahe — und neue Untersuchungen unterstreichen dies —, daß das Single-Dasein nur von einer Minderheit als Lebensform bewußt gewählt wurde und daß der Zustand des Alleinerziehens in der Regel nicht die Wunschvorstellung der Betreffenden ist.
Die Lebensvorstellungen der Menschen und die Umsetzung ihrer Pläne gehen nicht immer konform, was insbesondere durch die Diskrepanz zwischen einem vorhandenen Kinderwunsch und dessen Realisierung deutlich wird.
Trotz vieler widersprüchlicher Bewertungen, ist der Stellenwert der Familie als wichtigste Instanz für die Vermittlung grundlegender, kultureller und sozialer Werte unbestritten.

Zukunft der Familie

Nach der Anerkennung, die die Familie von allen Seiten erfährt, bleibt zu fragen, warum die Kluft zwischen dem familienfreundlichen Anspruch und der relativ tristen Wirklichkeit so groß ist. Fehlender bezahlbarer Wohnraum für Familien mit Kindern, fehlende Plätze in Kindergärten und Krippen und fehlende Spielmöglichkeiten und Freizeitangebote für Kinder und Jugendliche bilden nur einen Ausschnitt der familienunfreundlichen gesellschaftlichen Tendenzen. Neben einer familienfreundlichen Steuer- und Finanzpolitik zur Herstellung der sozialen Gerechtigkeit zwischen Familien und Kinderlosen geht es in der Familienpolitik nicht nur um materielle Hilfen für die Familien. Unsere Gesellschaft braucht ein großes Maß an Solidarität und Verständnis für Familien. Sie muß Eltern Mut zur Erziehung machen und die unterschiedlichsten Familienmodelle als gleichwertig anerkennen. Der Entsolidarisierung und der Vereinsamung in unserer Gesellschaft muß entschieden begegnet werden.

"Miteinander leben und sich engagieren" from *Jugendherberge*. Reprinted by permission of ***Deutsches Jugendherbergswerk e.V.***

2 Using the sequence of ideas in the article can help you understand it.

a. Look at the subtitles in bold throughout the article. What does each subtitle mean? Write the main point of each section next to its title.

1. Familien ohne Grenzen: _____

2. Was bedeutet Familie heute?: _____

3. Familie als Lebensideal: _____

4. Zukunft der Familie: _____

b. Looking at these major points in succession, what do you think the main point of the whole article is?

3 Answer the following questions based on what you read.

1. What is the purpose of the International Year of the Family? What do the organizers hope to accomplish?

   _____

   _____

2. What are some of the different 'types' of families mentioned in the article? Are the organizers of the International Year of the Family only interested in the nuclear family (**Kernfamilie**)?

   _____

   _____

3. What happened in the former East German states that was so astonishing? Why did it happen?

   _____

   _____

4. According to the article, what do the majority of Germans view as the ideal lifestyle? Do most achieve this lifestyle?

   _____

   _____

5. Why does the author believe there is such a great divide between people's desire to have a family and reality?

   _____

   _____

4 The article mentions many problems families have which could be eliminated with government and social support. What improvements in the treatment of families, if any, would you like to see in America? What are the differences between the treatment of families in Germany and in America?

_____

_____

_____

5 Imagine you were President in a country where families received government and social support. What services would be provided for families?

_____

_____

_____

5 Rechte und Pflichten

■ Los geht's!

1 Hans and Frank are cousins, but Hans is German and Frank is American. Using the choices below, fill in what each of them could do if he were 18.

Frank könnte

_____

_____

_____

_____

_____

_____

Hans könnte

_____

_____

_____

_____

_____

_____

Kandidaten wählen   Entschuldigungen selbst schreiben   politisch aktiv werden

jetzt heiraten   den Führerschein machen   alkoholische Getränke bestellen

die Schule schwänzen   allein wohnen   die Schule verlassen

2 Now look back over what Hans and Frank could do and circle any differences you notice.

■ Erste Stufe

1 Read each of the following situations and then use the clues in parentheses to write what the people could do. Be sure to use the correct form of **könnte** in your answers! Can you think of any other possible solutions for these people?

1. Ilse und ihre Schwester sind in der Stadt und wollen sich schöne Lederstiefel kaufen. Aber zuerst müssen sie wissen, ob die Mutter das erlaubt. (anrufen / fragen)

   _____

2. Ich bin eben 18 Jahre alt geworden und will nicht mehr mein Zimmer mit meinem Bruder teilen. (ausziehen / allein wohnen)

   _____

3. Du hast morgen eine Prüfung in Mathe, aber du hast nicht dafür gelernt. (aufbleiben / die ganze Nacht lernen)

   _____

4. Ich und mein Freund Robert, wir sind total ineinander verliebt. Wir werden auch bald volljährig. (heiraten)

   _____

5. Lutz ist gerade umgezogen. Er spielt gern Volleyball und will neue Leute kennen lernen. (Mitglied eines Vereins werden)

   _____

2 On the left are several statements about what different people would have liked to do. Match each one with an appropriate reason on the right for not doing it.

_____ 1. Peter hätte sich gern ein neues Auto gekauft,

_____ 2. Heike hätte gern die Schule geschwänzt,

_____ 3. Otto hätte gern die CDU gewählt,

_____ 4. Ich wäre gern länger ausgeblieben,

_____ 5. Wir wären gern Mitglieder des Vereins geworden,

_____ 6. Er hätte gern als Kind einen Hund gehabt,

_____ 7. Sie wäre gern nach Amerika geflogen,

A. aber das Klubhaus ist zu weit weg von uns.

B. aber sie hat schlechte Noten im Englischkurs bekommen.

C. aber leider war er allergisch gegen Tiere.

D. aber sie hatte leider eine Prüfung.

E. aber meine Eltern wollen, dass ich früh nach Hause komme.

F. aber es ist ihm zu schade ums Geld.

G. aber er ist noch nicht 18 Jahre alt.

3 All the clues in this puzzle refer to things you can do when you reach adulthood.

1. Wenn zwei Leute sich lieben, wollen sie oft _____.

2. Wenn man in der Schule fehlt, muss man eine _____ schreiben.

3. Wenn man politisch aktiv ist, soll man Kandidaten _____.

4. Wenn man einen Job bekommt, muss man oft einen _____ unterschreiben.

5. Wenn man allein wohnen möchte, muss man von zu Hause _____.

6. Wenn man selbst Auto fahren will, muss man zuerst den _____ machen.

7. Man darf erst ab 18 in Deutschland und ab 21 in Amerika _____ trinken.

8. Wenn man ohne einen guten Grund in der Schule fehlt, dann _____ man.

1. __ __ __ __ __ __ __ __
2. __ __ __ __ __ __ __ __ __ __ __ __ __ __
3. __ __ __ __ __ __ __
4. __ __ __ __ __ __ __
5. __ __ __ __ __ __ __ __ __
6. __ __ __ __ __ __ __ __ __ __
7. __ __ __ __ __ __
8. __ __ __ __ __ __ __ __

4 Look at the following drawings and decide what these people would have liked to do. Why do you think they didn't?

BEISPIEL   <u>**Sie hätte gern Golf gespielt, aber es hat geregnet.**</u>

BEISPIEL   **1.**   **2.**   **3.**   **4.**   **5.**

1. _____

2. _____

3. _____

4. _____

5. _____

5 Think about what you learned in Chapter 4 about relationships with other people. What could you do around the house to make your parents happy? What could you do for your friends to get along with them really well? Write your answers in the appropriate boxes below.

Eltern	Freunde
Ich könnte _____	Ich könnte _____
_____	_____
_____	_____
_____	_____
_____	_____

6 Read about Judy's predicament and come up with at least three suggestions describing what she could do now.

Judy ist eine amerikanische Austauschschülerin in Deutschland, und sie hat ihre neuen Freunde eingeladen, mit ihr am Sonntag ein Picknick zu machen. Sonntagmorgen ist sie aufgestanden. Sie hätte gern Geld aus dem Bankautomaten geholt, aber sie hatte noch keine Bankkarte. Sie wäre auch gern einkaufen gegangen, aber die Läden waren alle zu. Sie hat vergessen, dass sonntags in Deutschland gewöhnlich alles zu ist. Jetzt erwartet sie in zwei Stunden die Freunde, und sie hat nichts fürs Picknick. Was könnte sie jetzt machen?

_____

_____

_____

_____

7 Read the following dialogue and fill in the blanks with the appropriate words from the box below.

Prüfung	**schwänzen**	**lernen**	**sich irren**	**fehlen**
Unterricht	**dauern**	**Entschuldigung**	**sich erlauben**	**sonnig**
sich informieren	**ewig**			

OTTO   Weißt du, Karin, ich glaube, ich werde heute die Schule _____. Ich

habe einfach keine Lust, noch eine Stunde im _____ zu sitzen,

besonders da das Wetter so schön und _____ ist. Der

Physikunterricht _____ immer _____.

(continued on p. 57)

German 3 Komm mit!, Chapter 5

KARIN   Ich glaube, da hast du _____. Heute haben wir keinen

Physikunterricht, sondern Deutschunterricht. Außerdem haben wir heute eine

wichtige _____. Wenn du heute _____, dann

musst du unbedingt eine gute _____ haben, sonst kannst du die

Prüfung nicht nachschreiben.

OTTO   Ach, nein! Dann kann ich es _____ auf keinen Fall

_____, heute zu schwänzen. Vielleicht sollte ich

_____ in Zukunft besser _____. Ich habe nämlich

vergessen, für diese Prüfung zu _____.

8 We have all set goals for ourselves which we didn't achieve. Think back over the
New Year's resolutions you didn't keep. Write some of them in the space below
and then explain why you didn't stick to them.

BEISPIEL   5 Kilo abnehmen
                Ich hätte gern fünf Kilo abgenommen, aber ich hatte immer Hunger.

Vorsätze fürs neue Jahr:

_____

_____

_____

_____

9 All children dream of what they want to be when they grow up. Think about your
old childhood dreams and write a paragraph detailing what you would have liked
to become and whether you could still achieve those early goals. What else could
you become when you finish school? What do you plan to become?

_____

_____

_____

_____

_____

■ Weiter geht's!

1 In your textbook you read a discussion about the military service required of young German men. Sort out which opinions in the box below are for and which are against compulsory military service, and write them in the appropriate spaces. Can you think of any other pros and cons to add to these lists?

Wehrpflicht	
Dafür	**Dagegen**
_____	_____
_____	_____
_____	_____
_____	_____
_____	_____
_____	_____
_____	_____

Die Wehrpflicht ist unfair, weil nur Männer zum Bund müssen.

Man verliert ein Jahr vom Studium oder von der Arbeit.

Man kann auch Zivildienst machen, und dann lernt man eben etwas für den Beruf.

Wir müssen eine Wehrpflicht haben. Sonst würd's keiner machen.

Wir brauchen Streitkräfte, auf die wir uns verlassen können.

Die Bundeswehr ist heutzutage sinnlos, weil sich die politische Szene in Europa geändert hat.

2 Answer the following questions, based on what you read in the **Weiter geht's!** section of your textbook and your own opinion.

1. Was könnten Frauen machen, wenn sie auch zum Bund müssten?

_____

2. Was könnten die Jungen statt des Wehrdienstes machen?

_____

3. Sollte der Wehrdienst freiwillig sein? Wie denkst du darüber?

_____

German 3 Komm mit!, Chapter 5

■ Landeskunde

1 Read the article about equal rights in the German military on page 130 in your textbook and answer the questions below.

    1. The author clearly believes that women should be allowed in the German military. List at least three reasons the author gives for this opinion.

    _____

    _____

    2. Do you agree or disagree with the author's point of view? Why?

    _____

    _____

2 Look at the occupations in the chart below and mark whether in your society they are stereotypically considered male or female jobs. Discuss these stereotypes with your classmates. Are they valid?

	TYPICALLY MALE	TYPICALLY FEMALE
pilot		
flight attendant		
administrative assistant		
corporate president		
elementary school teacher		
college professor		
doctor		
nurse		
day care worker		
homemaker		
engineer		

3 Find some students at your school who are from another country. Ask them about attitudes in their culture concerning the roles of men and women. Write their responses in the space below.

_____

_____

_____

4 Do you think that attitudes about what men and women should do are changing in America? Specifically, how do you think attitudes today are different from those that were widely held 100 years ago?

_____

_____

_____

■ Zweite Stufe

1 Reformulate the sentences below using **am** or **beim** and a nominalized verb.

BEISPIEL   Wir essen gerade.
                  Wir sind gerade beim Essen.

1. Wir spielen gerade Karten.

_____

2. Richard arbeitet gerade.

_____

3. Meine Schwester wählt gerade.

_____

4. Ich unterschreibe gerade (den Vertrag).

_____

5. Wir waschen gerade die Wäsche.

_____

2 Write what the people in the pictures are doing.

BEISPIEL      **Sie ist dabei, das Auto zu waschen.**

      1.   **2.**   **3.**   **4.**   **5.**

1. _____

2. _____

3. _____

4. _____

5. _____

3 Unscramble the following words and write them in the squares to the right. Then unscramble the circled letters to find the answer to the question below.

1. ZIFFIORE
2. PREFLICHWHT
3. ZEPNAR
4. PFAMK
5. RESTAL
6. SNUHDEWERB

Ich glaube, die meisten Menschen möchten _____.

4 Imagine that your parents went away for the weekend and, since you are nearly an adult, they left you to take care of the house. When they return, they find that you have done certain tasks but haven't done others. Write their reactions of surprise, relief, or resignation to these discoveries, depending on what they might normally expect of you.

BEISPIEL   Du hast die Katze gefüttert.
Wir sind froh, dass du die Katze gefüttert hast.

1. Du hast dein Zimmer nicht aufgeräumt.

_____

2. Du hast das Geschirr schon wieder nicht gespült.

_____

3. Du hast das Haus nicht kaputtgemacht.

_____

4. Du hast deine Hausaufgaben erledigt.

_____

5. Du hast die Blumen und Pflanzen gegossen.

_____

5 Unfortunately, we don't always get to do what we want to, because we often have other obligations. Write five sentences describing what you wanted to do recently but couldn't. Use the ideas in the boxes to get started.

BEISPIEL   **Ich wollte mit meinen Freunden telefonieren, aber ich konnte nicht, weil ich einen Aufsatz schreiben musste.**

Ich wollte ...		Ich musste ...	
fernsehen	einen Brief schreiben	Hausaufgaben machen	Abendessen vorbereiten
Fußball spielen	Gitarre spielen	für eine Prüfung lernen	Wäsche waschen
singen	mit meinen Freunden	mein Zimmer aufräumen	einen Aufsatz schreiben
ein Buch lesen	telefonieren	meinen Eltern helfen	Staub saugen

(continued on p. 62)

_____

_____

_____

_____

_____

6 Imagine that the father of one of the people in your German class used to be in the U.S. military and was stationed in Germany. He comes to your German class and gives the following presentation. Fill in the gaps in his speech with the correct forms of words from the box below.

> müssen   Kampf   sich entscheiden   wollen   könnte   konnten   Wehrdienst
> Streitkräfte   können   freiwillig   mussten   Frieden   Krieg   Offizier   wollten

Die amerikanischen _____ sind anders als die deutschen. In Amerika, zum

Beispiel, _____ man keinen _____ machen, aber man

_____, wenn man _____. Man kann _____

_____ für einen Beruf im Militär _____ und

_____ werden.

Es war aber nicht immer so. Früher _____ man Wehrdienst machen, wenn es

einen _____ gab und man aufgerufen wurde. Man _____

leicht in den _____ geraten, auch wenn man keinen Job beim Militär haben

_____. Auch heute könnte man noch im Notfall eingezogen werden. Aber

wenn _____ herrscht, dann passiert das normalerweise nicht.

7 You have just received the following letter from your German pen pal, Bernd. Read the letter and write one in return expressing your surprise, relief, or resignation about the things he wrote you.

> *Wie geht's? Ich will dich nicht deprimieren, aber es geht mir seit ein*
> *paar Wochen nicht so gut. Ich habe nämlich meinen Schulabschluss*
> *gemacht—— das ist natürlich prima—— aber auf der anderen Seite*
> *muss ich jetzt meinen Wehrdienst machen. Ich will Zivildienst machen,*
> *aber meine Eltern wollen's nicht. Der Vater meint, wir haben alle*
> *Wehrdienst gemacht, und ich kann's auch. Na ja, das stimmt für die*
> *meisten Männer! Außerdem dauert der Wehrdienst nicht so lange wie*
> *der Zivildienst. Ich bin echt traurig, weil ich meine Freunde und*
> *besonders meine Freundin, Anne, verlassen muss. Musst du auch zum*
> *Bund? Schreib mal wieder! Ich werde deine Briefe in nächster Zeit*
> *wirklich brauchen.*
>
> *Dein Bernd*

(continued on p. 63)

German 3 Komm mit!, Chapter 5

_____

_____

_____

_____

8 Today is Saturday, the seventh of October. Look at Claudia's pocket calendar and, on another sheet of paper, write what she wanted to do and what she had to do during the past couple of weeks. (Hint: she always stars the things she wants to do.) Use the time phrases in the box below to specify when she did these things!

BEISPIEL **Sie musste vergangenen Monat eine Matheprüfung schreiben.**

voriges Wochenende

vor kurzem

gestern

vergangenen Monat

neulich vorgestern

24	Matheprüfung
25	
26	
27	
28	Fußball
29	
30	*zum Jahrmarkt gehen

1	
2	
3	Chorprobe
4	
5	*Axel besuchen
6	zur Arbeit
7	*in die Berge mit Marte HEUTE

9 Think about your recent past. What have you had to and wanted to do? What could you have done, what were you allowed to do, and what should you have done? Fill in the chart.

	durfte	musste	konnte	mochte	sollte	wollte
gestern						
letzte Woche						
voriges Wochenende						
vergangenen Monat						
vergangenes Jahr						

10 Imagine it's your birthday—a time to reflect about what you've done in the past months. Use your answers from the chart above to write a journal entry about your past year. Include your reactions to some of these events, as well. For example, were you surprised that you had to do something or relieved that you were allowed to do something else?

_____

_____

_____

_____

■ Zum Lesen

1 Glance at the title, subtitles, and opening paragraph of the text below. What do you think the text will be about? What is the purpose of the text? Who is the intended audience?

Jugend und Parlament

Montag morgen, das alte Wasserwerk in Bonn. Hier tagt sonst der Deutsche Bundestag. Auch heute sind alle 450 Stühle besetzt. So voll ist es selten hier. Doch auf den Plätzen der CDU/CSU, der SPD, der FDP, der Grünen und der PDS sieht man keine bekannten Gesichter, sondern junge Leute. Johann aus Dresden sitzt neben Swaantje aus Kiel, Jürgen aus Mannheim neben Thorsten aus Berlin. Jeder Abgeordnete des deutschen Bundestages hat einen Gast eingeladen. Keiner ist älter als 24. An zwei Tagen zeigen die Politiker den Jugendlichen das Parlament. Auf dem Programm stehen Begegnungen mit den Fraktionen, Diskussionen zu aktuellen politischen Themen und eine Sitzung im Parlament.

Ist Politik langweilig?

Der Vizepräsident des Bundestages, Helmuth Becker, begrüßt die Gäste. Dann sagt er: „Oft wird die Politik von den Jugendlichen für abstrakt und langweilig gehalten. Das ist auch meine Erfahrung. Meistens liegt dies daran, daß sie noch zu wenig Informationen haben, um ein Bewußtsein für Politik zu entwickeln. Ein solches Bewußtsein kann sich aber nur durch intensive Auseinandersetzung mit politischem Geschehen bilden." Die Veranstaltung „Jugend und Parlament", die es seit 1981 gibt, soll das Interesse fördern. Doch trifft sie die Richtigen? Die meisten Jugendlichen hier sind bereits in der Jugendorganisation einer Partei. Johannes, Swaantje und Jürgen kennen die Abgeordneten, die sie eingeladen haben. Politisch uninteressiert ist hier niemand.

Kein Kontakt zu den Stars

Nach der Begrüßung im Wasserwerk gehen die Jugendlichen in die Fraktionen. Doch hier warten keine großen Stars aus der Politik—mit wenigen Ausnahmen. Kaum einen kennt man vom Fernsehen. „Keine Zeit", entschuldigen die „Kleinen" die „Großen". Die meisten Jugendlichen besuchen die „eigene" Fraktion. Darum ist in der ersten Stunde der Beifall für die Redner überall groß. Erst danach wandert man zu den anderen Parteien.

Wer fragt die Jugend?

Nach dem Mittagessen trifft man sich in einzelnen Arbeitskreisen. Bundestagsabgeordnete leiten die Diskussionen. Es geht um Nationalgefühl, europäische Einheit und Umweltschutz. Man spricht auch über Rüstungsexporte, Völkerrecht und multikulturelle Gemeinschaft. Besonders groß ist das Interesse an einem Thema: „Wir sind die Jugend—Wer fragt uns?" Das fragen sich auch einige Jugendliche in anderen Veranstaltungen. Denn manche Diskussionsleiter reden ihnen zu lange, andere sind ihnen nicht objektiv genug. Alexander: „Bei uns hat der Abgeordnete plumpe Witze gemacht und einige Meinungen ins Lächerliche gezogen!" Peter hat in einer anderen Gruppe bessere Erfahrungen gemacht: „Die Diskussion war ziemlich sachlich." In jeder Gruppe führt ein Jugendlicher das Protokoll. Er muß am nächsten Tag die Ergebnisse des Arbeitskreises im Parlament vortragen.

Angst vor Politik

Am Dienstag treffen sich alle noch einmal im alten Wasserwerk. Was hat man in den Gruppen besprochen? Das berichten die Protokollführer. Swaantje, Sprecherin der Gruppe mit dem Jugendthema, tritt an das Rednerpult und begrüßt erst einmal die Bundestags-Präsidentin Dr. Rita Süßmuth. Dann berichtet sie: „über Probleme politischer Jugendverbände in den neuen Bundesländern, die Angst einiger Jugendlicher vor politischen Diskussionen, das fehlende Interesse Gleichaltriger." Vorschläge hat der Arbeitskreis auch: „Die Politiker sollen mehr auf die Jugendlichen zugehen. Jugendpolitik sollte unabhängig von Parteien sein. Vielleicht könnte man ein Jugendparlament gründen. Es sollte weniger Versprechen, aber mehr Aktionen für Jugendliche geben."

Wie bei den Großen

Viele junge Männer tragen heute einen Anzug, die jungen Frauen ein elegantes Kleid. Einige haben eine Tageszeitung unter dem Arm. Wer in der ersten Reihe sitzt, hat ein Telefon unter dem Tisch. Man telefoniert mit Zuhause: „Mama, ich habe gerade im Bundestag gesprochen!" Stefan findet das gar nicht gut: „Die benehmen sich wie Politiker mit ihren Telefonen und Zeitungen. Die sprechen doch auch schon wie die Großen. Die Veranstaltung heißt 'Jugend und Parlament'. Hier sitzt nur der Nachwuchs der Parteien. Das finde ich bedenklich. Die Abgeordneten müssen viel öfter das Gespräch mit der unpolitischen, schweigenden Mehrheit suchen!" Doch diese Veranstaltung ist nicht die einzige im Lauf des Jahres. Es kommen viele Gruppen aus Schulen nach Bonn. Am schwierigsten ist es, arbeitslose Jugendliche zu gewinnen. Das berichtet die Bundestags-Präsidentin am Schluß der Veranstaltung. Frau Dr. Süßmuth verabschiedet die Jugendlichen: „Ich möchte nicht, daß Sie mit 20 oder 25 schon fertige Menschen sind und schon Ihre Schubladen haben. Bei aller Orientierung, die Sie gefunden haben, sollten Sie immer noch einmal überprüfen: Bin ich auf demselben Weg, oder korrigiere ich mich? Ich wünsche Ihnen, daß Sie unterwegs bleiben, unterwegs mit Positionen und Engagement."

Deutscher Bundestag: Verfassungsorgan auf Bundesebene, dessen Mitglieder direkt vom Volk gewählt werden
Fraktion: Zusammenschluß aller Abgeordneten einer Partei (oder von befreundeten Parteien, z.B. CDU und CSU) im Parlament
CDU/ CSU: Christlich Demokratische Union/ Christlich Soziale Union
SPD: Sozialdemokratische Partei Deutschlands
FDP: Freie Demokratische Partei
Bündnis 90/Grüne: Die Partei Die Grünen hat sich bei der letzten Bundestagswahl mit dem ostdeutschen Bündnis 90 zusammengeschlossen
PDS: Partei des demokratischen Sozialismus; Nachfolgeorganisation der ehemaligen DDR-Staatspartei SED (Sozialistische Einheitspartei Deutschlands)

"Jugend und Parlament" from *JUMA: das Jugendmagazin.* Reprinted by permission of **Tiefdruck Schwann-Bagel GmbH.**

2 Answer the following questions based on what you read.

1. Now that you have read the text, answer Question 1 again. What is the purpose of the text? Was your original guess correct? If not, reread the title and subtitles. Do you understand them differently now?

_____

2. How long did the session between young Germans and politicians last? _____

3. List four issues that different groups discussed during the **Arbeitskreise** meetings.

_____

_____

4. According to Dr. Süßmuth, what are some of the problems that political youth organizations are having today? What solutions did the group propose?

_____

_____

_____

5. What does the subtitle '**Wie bei den Großen**' refer to? Why is Stefan unhappy with the way the young people who participated in the parliamentary session behaved?

_____

_____

3 Now that you know the purpose of this article—namely, to report on a meeting between young Germans and the Parliament—write as many English words as you can think of that pertain to this subject.

4 Keeping in mind the purpose of the text, guess the meanings of the underlined words below.

1. Jeder <u>Abgeordnete</u> des Deutschen Bundestages hat einen Gast eingeladen. _____

2. Auf dem Programm stehen <u>Begegnungen mit den Fraktionen</u> ..._____

3. Darum ist in der ersten Stunde der <u>Beifall</u> für die Redner überall groß. _____

4. Hier sitzt nur der <u>Nachwuchs</u> der Parteien. _____

5 The Vice President of the **Bundestag** believed that young people find politics boring because they don't know enough about it. Do you find politics boring? Would you like to learn more about American or German politics?

_____

_____

6 Have you ever participated in a program such as this? Do you feel, as the author does, that only people who are already interested in politics are being reached by such programs?

_____

_____

7 What suggestions would you have for getting young people more interested and active in politics?

_____

_____

Medien: stets gut informiert?

■ Los geht's!

1 Number the following sentences to create a conversation that makes sense.

Judith, Rainer, Volker und Jana sprechen über die Medien.

_____ JUDITH   Lass mich mal zu Wort kommen! Ich habe meine Meinung noch gar nicht gesagt. Meiner Meinung nach kann man sich am besten durchs Fernsehen informieren, weil es ein Fenster zur Welt ist.

_____ JUDITH   Also, ich informiere mich meistens durchs Fernsehen.

_____ RAINER   Nein. Ich würde lieber fernsehen. Da muss ich nicht so viel denken.

_____ VOLKER   Quatsch! Es gibt natürlich viel Dummes im Fernsehen, aber eben auch in den anderen Medien.

_____ JANA   Da ist schon was dran. Ich meine, ...

_____ VOLKER   Ja, also, Rainer. Möchtest du mal dazu Stellung nehmen?

_____ RAINER   Kannst du das begründen? Ich meine, das Fernsehen trägt zur Volksverdummung bei. So kann man sich gar nicht informieren.

2 Answer the following questions based on Judith, Jana, Volker, and Rainer's conversation.

  1. Who expresses an opinion in this discussion?

  _____

  2. Who gets interrupted?

  _____

  3. Who asks for an opinion?

  _____

  4. Who rejects an opinion? Why?

  _____

  5. Who accepts an opinion? Which one?

  _____

  6. Who asks someone to give reasons for his or her opinion?

  _____

■ Erste Stufe

1 Read the following assertions. Then accept or reject them.

BEISPIEL   Ich finde, dass man beim Fernsehen zu viel isst und dadurch zunimmt.
Das ist alles Quatsch!

1. Meiner Meinung nach verdrängt das Fernsehen langsam das Radio.

   _____

2. Man liest halt nur die Schlagzeilen in der Zeitung, und dann weiß man nicht mehr als
   wenn man Fernsehen schaut.

   _____

3. Radiosendungen sind oberflächlicher als Fernsehsendungen.

   _____

4. Das Problem mit der Glotze ist, dass immer etwas Neues kommt, und ich kann sie deshalb
   nicht ausschalten.

   _____

5. Die Zeitung hat Vorteile, weil man sie unterwegs, also in der Straßenbahn oder im Bus
   lesen kann.

   _____

2 Formulate an opinion about each of the topics below. Use the words and phrases
in the box for inspiration.

> günstig   trägt dazu bei, dass ...   ist das Beste, weil ...
> soll geändert werden, weil ...
> eignet sich zu ...   Unterkunft   nötig   unfair   Unterhaltung

1. Die Medien

   _____

2. Die Beziehung zwischen Eltern und Kindern

   _____

3. Die Wehrpflicht in Deutschland

   _____

4. Die Gesetze gegen das Rauchen in den USA

   _____

5. Das beste Reiseziel in der Welt

   _____

KAPITEL 6 Erste Stufe

3 Find 20 past-tense verbs in the word find below. Then write the infinitive of each verb in the spaces provided.

n	e	i	a	s	f	k	n	e	c	o	p
a	p	c	w	a	a	w	u	s	s	t	e
g	ö	r	l	n	n	t	a	u	ß	e	r
o	f	i	n	g	d	a	l	m	e	l	s
z	ü	t	b	r	a	c	h	t	i	s	e
h	e	e	ß	a	c	b	t	m	l	p	t
ö	m	d	s	a	h	ü	e	a	g	r	l
r	u	r	i	e	t	b	s	k	i	a	l
t	r	u	g	b	e	i	b	e	n	c	o
e	o	w	ß	a	l	m	w	b	g	h	w

(gehen)   _____ _____

_____ _____ _____

_____ _____ _____

_____ _____ _____

_____ _____ _____

_____ _____ _____

_____ _____

_____ _____

4 Look at the following excerpts of conversations. In each case, somebody's comment is missing. Decide whether the person is expressing an opinion, interrupting, asking for an opinion, or accepting or rejecting an opinion, and fill in an appropriate comment.

1. OTTO Meiner Meinung nach ist „The Full Monty" der beste Film des Jahres.

    LENE _____

    OTTO Ja. Weil der Film reine Unterhaltung ist. Man kann dabei gut lachen.

2. HOLGER Die Medien sind alle schädlich.

    ANNETTE _____ Ohne die Medien

    würden wir gar nichts erfahren!

3. FRANZ Ich finde, Fernsehen verdrängt langsam die Zeitung, weil die Leute nicht

    mehr lesen wollen. _____

    JÖRG Ich glaube, du hast Recht. Viele Leute finden Fernsehen einfacher.

4. CLAUDIA Was hältst du eigentlich von Politik?

    PAUL _____

    CLAUDIA Das kann man wohl sagen.

5. DOROTHEA Eltern sollen den Kindern nicht erlauben, stundenlang vor der Glotze zu

    sitzen, weil ...

    JULIA Aber Eltern sind keine Polizisten ...

    DOROTHEA _____

KAPITEL 6 Erste Stufe

5 Fill in the blanks with appropriate verbs, and then put the verbs in the puzzle.
Look at your vocabulary list on page 152 for hints.

1. Die Glotze _____ gut zur Unterhaltung.

2. Man kann die Neuigkeiten nicht so schnell durch die Zeitung _____.

3. Die neue Sendung im RTL _____ mich _____.

4. Die neuen Ereignisse _____ immer früh morgens in der Zeitung.

5. Die Zeitung kann besser zum Nachdenken _____ als das Fernsehen.

6. Als ich im Urlaub war, habe ich das Fernsehen _____.

7. Olaf weiß nicht, was er sehen möchte. Deshalb _____ er sich einen

   Sender _____.

8. Durch all die Medien kann man _____.

9. Das Fernsehen kann dazu _____, dass Leute keinen Sport treiben.

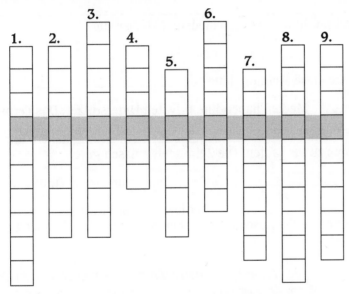

6 As a reporter for your school newspaper, you've been asked to write a report about the recent German class trip to Weimar. You've taken notes on the scratch paper to the right; now write the report. Be sure to get your readers' attention with a good headline!

Deutschklasse in den Osterferien nach Weimar gefahren
Unterkunft in der Jugendherberge gefunden
Stadt kennen gelernt
Stadtführung gemacht
das Goethehaus u. Goethes Gartenhaus gesehen
ins Theater gegangen
Musik von Liszt gehört
am 15.4. zurückgekommen

_____

_____

_____

_____

_____

_____

_____

KAPITEL 6 Erste Stufe

7 Read the television interview below and fill in the blanks with choices from the box.

> etwas dran sein   Schlagzeilen   einen zu Wort kommen lassen   sich bilden   Neuigkeiten
> Stellung nehmen   finden, dass   erfahren   Glotze   begründen   meiner Meinung nach

INTERVIEWER Guten Tag, liebe Zuschauer! Heute sprechen wir mit Frau Felsen über ihre ideale Vorstellung von Mediennützung. Also, Frau Felsen, möchten Sie zum Thema Mediennützung _____?

FRAU FELSEN Ja, gerne. Also, ich _____ man _____ durch all die Medien _____ kann. Sie haben alle ihre Vorteile und Nachteile.

INTERVIEWER Aber, Frau Felsen, keiner hat so viel Zeit ...

FRAU FELSEN _____! _____ kann man nur durch die verschiedenen Medien die _____ objektiv _____.

INTERVIEWER Können Sie diese Meinung bitte _____?

FRAU FELSEN Ja, sicher. Alle Medien haben ihre privaten Unterstützer. Das Fernsehen muss Zuschauer vor der _____ halten, um Werbespots zu verkaufen. Die Zeitungen müssen gute _____ haben, damit man sie kauft, und ...

INTERVIEWER _____, aber leider müssen wir jetzt das Gespräch unterbrechen. Liebe Zuschauer, bleiben Sie dran! Sie sehen jetzt einen Werbespot!

8 Think of a TV show you saw recently. What happened? Who were the characters? What did they do? On another sheet of paper, write a summary of it using the simple past.

_____

_____

9 Your friend, Arnold, wrote the following paragraph about what he thinks life was like 100 years ago, but his viewpoint is a little too simplistic and you disagree with him. On another sheet of paper, write a paragraph opposing his views and stating your own opinions about the way life used to be.

Vor hundert Jahren war das Leben nicht so anders als es heute ist. Jeder aß, schlief und arbeitete genau wie es jeder heute tun muss. Jeder lernte in einer Schule, jeder spielte, wenn er Zeit hatte, und jeder wurde alt. Früher konnte man alle Neuigkeiten nur durch die Zeitung erfahren; heute kann man auch fernsehen oder Radio hören. Aber sonst war das Leben genauso, wie es heute ist.

German 3 Komm mit!, Chapter 6

■ Landeskunde

1 Read about school newspapers and student government in Germany on page 157 of your textbook. Then answer the questions below.

   1. What are the different steps required in the preparation of a school newspaper?

     _____

     _____

   2. What were some of the things the student council of the **Markgräfler Gymnasium** accomplished? Do you think an American student council could do similar things? Why or why not?

     _____

     _____

2 What has your student council accomplished in the last year?

_____

_____

3 School newspapers and student government are two kinds of organizations students can join to get involved with school. What other organizations does your school have? What clubs or organizations are you a member of?

_____

_____

_____

_____

_____

4 Imagine that you were on the student council and, as a group, you really had the power to change things for students at your school. You want to find out what the students would like to see changed. Write a survey and publish it in your school or class newspaper, if possible, to find out what students think.

_____

_____

_____

_____

_____

Weiter geht's!

1 Sabine is the editor of her school newspaper. Read the following letters to the editor that she received.

1. „Unsere Schülerzeitung ist die größte Schande! Ihr nehmt Stellung zu Themen, die ihr nicht versteht. Ihr solltet euch ein bisschen bemühen, die Ereignisse, über die ihr berichtet, besser nachzuforschen."

2. „Ich bin neu in der Schule, und ich war überrascht, als ich die Schülerzeitung las. Unsere Schülerzeitung ist die beste, die ich je gelesen habe. Ihr schreibt die tollsten Sportberichte mit den aufregendsten Fotos. Macht so weiter!"

3. „Die Schülerzeitung finde ich zum größten Teil ganz in Ordnung. Aber es stört mich, dass ihr die Schulleitung immer unterstützt. Warum stimmt ihr nicht manchmal den Schülern zu?"

4. „Unsere Schülerzeitung ist zwar nicht perfekt, aber sie ist bestimmt nicht die schlechteste! Wir, die Schüler der Deutschklasse, wissen, dass ihr die fleißigsten Schüler in der ganzen Schule seid. Es ist unglaublich, wie viel Arbeit ihr jede Woche erledigen müsst. Wir bedanken uns dafür, dass ihr euch so viel um die Schülerzeitung kümmert."

2 Wie wird Sabine auf die Briefe reagieren? Schreib, was sie sagen könnte!

a. Welche Briefe haben sie gestört?

_____

b. Was hat sie überrascht?

_____

3 Nimm jetzt Stellung zu deiner Schülerzeitung! Wie findest du sie? Begründe deine Antwort! Was macht sie am besten? Und was macht sie nicht gut?

_____

_____

_____

_____

_____

_____

German 3 Komm mit!, Chapter 6

■ Zweite Stufe

1 Look at these three illustrations. Write five sentences describing the people pictured in relation to one another, using the superlative forms of the adjectives in the box.

Lotte

Bodo

Jasmin

jung alt
klein groß
lustig
schön
hübsch
schick
stark

_____

_____

_____

_____

_____

2 Every family has a best athlete, a best cook, a tallest member, a shortest member, etc. Paste a picture of your family in the box and then describe your family members in relation to each other as you did for Lotte, Bodo, and Jasmin in the first exercise. Explain what they can do best, too.

BEISPIEL   **Meine Schwester ist die jüngste in der Familie. Sie kann am besten singen.**

KAPITEL 6 Zweite Stufe

3 Georg is going on a picnic with his friend, Helena. He packed the items you see below in his basket. Describe how many of each thing he brought, using the words in the box.

| einige | viele | wenige | ein paar | mehrere |

1. _____

2. _____

3. _____

4. _____

5. _____

4 Read the following statements and decide whether it would surprise, frustrate, or annoy you if these events occurred. Write a sentence describing how you react in each situation.

BEISPIEL   Deine Eltern stimmen dir zu.
           Es überrascht/stört mich, wenn meine Eltern mir zustimmen.

1. Der Deutschlehrer spricht nicht deutlich genug.

   _____

2. Die Mathelehrerin gibt der Klasse eine schwere Aufgabe.

   _____

3. Deine Freunde meckern über die Schule.

   _____

4. Du findest deine Biologiehausaufgaben anregend.

   _____

5. Deine Geschwister unterstützen dich in der Schule.

   _____

6. In Chemie lernst du etwas Nützliches.

   _____

7. Die Schülervertretung bemüht sich, die Situation der Schüler zu verbessern.

   _____

5 Look at the list of items you might find in the papers, on the radio, or on TV.

Interviews	Witze
Sportberichte	Tipps
Leserbriefe	Artikel
Geschichten	Buch- und
Ratschläge	Filmbesprechungen
Cartoons	

a. Put each of the items from the list in the chart under the medium you think does it best. For example, if you think TV handles interviews best, put it under **Fernsehen**.

Zeitung	Radio	Fernsehen

b. Explain why you think the different media handle each item best.

BEISPIEL   <u>Meiner Meinung nach kommen die tollsten Sportberichte</u>
            <u>im Fernsehen, weil man Live-Action im Spiel sehen kann.</u>

_____

_____

_____

_____

_____

_____

6 The people from your school newspaper have written a questionnaire to find out what people's media and entertainment preferences are. Complete the questionnaire below.

U M F R A G E

1.	Wie viele Zeitungen liest du pro Woche?	☐ viele ☐ mehrere ☐ einige ☐ wenige ☐ ein paar ☐ keine
2.	Wie viele Fersehsendungen siehst du pro Woche?	☐ viele ☐ mehrere ☐ einige ☐ wenige ☐ ein paar ☐ keine
3.	Wie viele Bücher liest du im Jahr?	☐ viele ☐ mehrere ☐ einige ☐ wenige ☐ ein paar ☐ keine
4.	Wie viele Konzerte hörst du im Jahr?	☐ viele ☐ mehrere ☐ einige ☐ wenige ☐ ein paar ☐ keine
5.	Wie viele Stunden Radio hörst du pro Woche?	☐ viele ☐ mehrere ☐ einige ☐ wenige ☐ ein paar ☐ keine
6.	Wie viele Videos leihst du dir pro Woche aus?	☐ viele ☐ mehrere ☐ einige ☐ wenige ☐ ein paar ☐ keine
7.	Wie viele CDs kaufst du dir im Monat?	☐ viele ☐ mehrere ☐ einige ☐ wenige ☐ ein paar ☐ keine

7 Think of news you've seen, heard, or read about in the media. If you have a newspaper handy, you may want to take a look at it. What news surprised you? What disturbed or frustrated you?

a. Write this information in key words in the chart.

Überraschung	Frust

b. Now write at least 5 sentences using these key words.

BEISPIEL   **Es hat mich überrascht, dass das Erdbeben so viel Sachschaden verursacht hat.**

_____

_____

_____

_____

8 People can be both surprising and annoying, no matter how well we think we know them. Think of someone you know well—a parent, a sibling, a friend—and write three sentences about habits this person has which surprise you and three sentences about how he or she annoys you. Don't mention any names! What are the worst and best aspects of this person's character?

_____

_____

_____

9 Write a **Leserbrief** to your school newspaper. Take a position with regard to the paper: what do the authors do that surprises you? What frustrates you? What do they do best? Where do you see a need for improvement?

_____

_____

_____

_____

_____

■ Zum Lesen

1 The text below deals with a new technology for television. Knowing this, you can guess at the meanings of many words. List all the English words you can think of that have to do with television. What are the parts of a TV? Who are the people who watch it? What might you see on it?

_____

_____

_____

Jetzt Kommt 3-D TV: Fernsehen Neu Sehen

Herzen tanzen, der Zuschauer staunt. Mit verschärftem Blick eröffnen sich neue Welten auf dem Bildschirm.

„Sehen kann es im Prinzip jeder, es ist nur eine Frage der Geduld und der Übung", sagt Frederik Ehlers und starrt dabei tief in seinen Monitor. Was er dort sieht, ist der neueste Stand auf dem 3-D Sektor: die dritte Dimension im Fernsehen — eine neue räumliche Tiefe. Und dies ohne Brille oder irgendwelche anderen Hilfsmittel.

Frederik Ehlers ist Geschäftsführer der Multi-Media-Abteilung des TV- und Computerunternehmens „Studio Schleswig-Holstein" in Kiel. Seit Monaten arbeitet er fieberhaft an seinem Computer für eine fernsehtaugliche Version der 3-D Bilder, die den Amerikaner Thomas Baccel und sein Buch „Das magische Auge" berühmt gemacht haben. Die psychedelisch anmutenden Motive auf Postkarten, Postern und Lesezeichen verleiten seit über einem Jahr alle Welt dazu, sich an den

Dingern die Nase plattzudrücken. Denn erst bei einem Blick, der quasi wie ein Röntgenauge durch die Bilder durchgeht, simulieren sie die dritte Dimension.

Diese „wilden Tapetenmuster" hat Ehlers mit einem selbstgeschriebenen Computerprogramm in reale Bilder verwandelt. Beispiel: Ein Foto zeigt offensichtlich Münzen, das Logo einer Großbank ist dahinter in der dritten Dimension versteckt. Zum ersten Mal präsentieren konnten Ehlers und sein Kollege Udo Gartenbach ihre 3-D-Impressionen bei „Schreinemakers live". Ergebnis: 5,4 Millionen Zuschauer knieten vor ihren TV-Geräten und guckten sich die Augen aus.

Udo Gartenbach, Marketing Chef bei Ehlers, sagt: „Ich weiß bis heute nicht, wie das alles funktioniert. Ich weiß nur, das bringt Geld." Er lotet zur Zeit die Marktchancen aus: „Ich verhandle mit mehreren europäischen TV-Sendern und mit Werbefirmen, die unsere 3-D-Programme einsetzen könnten."

Werbestrategen machen sich schon jetzt die angeborene

Neugier des Menschen zunutze und verstecken ihre Botschaften in der dritten Dimension. Eine 3-D-Anzeigenkampagne mit Gewinnspiel des Zigarettenkonzerns Reemtsma — zu sehen war ein Tapetenmuster, dahinter verbarg sich „East" — war ein voller Erfolg. Da liegt es nahe, 3-D-Standbilder auch im Werbefernsehen zu zeigen. Kosten: 27 500 Euro. Dafür werden Logos oder Produkte TV-gerecht aufgearbeitet.

Doch die Zukunft gehört dem Fernsehen mit bewegten 3-D-Bildern. Schon jetzt ist es Ehlers gelungen, mit dem Prinzip des Zeichentrickfilms (40 Bilder/Sek.) boxende Känguruhs über den Monitor hüpfen oder bubbernde Herzen durchs Bild tanzen zu lassen, die dann mit dem verschärften 3-D-Blick eine räumliche Tiefe bekommen. Dabei warnen die Macher nur vor Frustkopfschmerzen, die bei Ungeübten auftreten können. Rund zwei Prozent müssen ganz auf das neue Guckvergnügen verzichten, ihnen fehlt ein bestimmter Teil des Tiefensehvermögens.

From "Jetzt Kommt 3-D TV: Fernsehen Neu Sehen" from *TV Movie: Das Fernsehmagazin, Hamburg*. Reprinted by permission of **TV Movie Redaktion.**

2 All these words have something to do with television. What do you think they mean?

1. Bildschirm _____

2. Zuschauer _____

3. TV-Gerät _____

4. Sender _____

5. Werbung _____

6. Anzeigenkampagne _____

3 Answer the following questions based on what you read.

1. What new technology is the text talking about?

   _____

2. How was this particular type of 3-D imagery made famous? Who made it famous?

   _____

3. How did Ehlers transform the pictures from the 3-D books to TV?

   _____

4. Why will two percent of the population never be able to see the 3-D images Ehler is developing?

   _____

4 Consider the opinion expressed in this chapter: „**Das Fernsehen trägt zur allgemeinen Volksverdummung bei."** In your opinion, will this new technology make TV more useful or more harmful?

   _____

   _____

   _____

5 Do you think this new technology should be strictly controlled? Why or why not?

   _____

   _____

   _____

6 3-D TV would have seemed like science fiction 50 years ago. What technologies can you imagine being developed in the next fifty years?

   _____

   _____

   _____

7 Just as many people think TV is slowly replacing the radio and newspapers, do you think 3-D TV could replace regular TV? Why or why not?

   _____

   _____

   _____

KAPITEL 6 Zum Lesen

7 Ohne Reklame geht es nicht!

■ Los geht's!

1 While talking with the interviewer, Stefan and Constance mentioned a lot of the advantages and disadvantages of advertising. Look below at the statements they made and decide which ones are for and which are against advertising. Circle the statements for advertising and underline those against advertising.

Man wird durch die Werbung zum Kaufen angeregt.

Die Werbung zeigt die Frau als Blickfang.

Reklame beschreibt ein Produkt und klärt den Konsumenten auf.

In der Reklame preisen Sportler oft Produkte an, die sie selbst nie gebrauchen.

Reklame manipuliert den Käufer.

Die Reklame kann informieren.

Reklame beschreibt nicht immer das Produkt, sondern zeigt Leute mit schönen und guten Eigenschaften, die der Konsument haben möchte.

Reklame nutzt die Gefühle des Konsumenten aus.

Die Reklame zeigt die Frau oft in einer traditionellen Rolle.

2 Was hältst du von der Werbung?

_____

_____

_____

■ Erste Stufe

1 This is Georg's room. It's a source of great annoyance to his parents. Write in the spaces below what you think annoys them.

1. Es regt Georgs Eltern auf, dass _____

_____

2. Es nervt sie, wenn _____

_____

3. Was seine Eltern auch aufregt, ist, wenn _____

_____

4. Es nervt Georgs Eltern am meisten, dass _____

_____

2 Look at the kinds of products listed below. Compare typical ads for each pair of products.

BEISPIEL   Spielsachen / Autos: **Die Werbungen für Spielsachen sind nicht so elegant wie die für Autos.**

1. Saft /Cola

_____

2. Shampoo / Seife

_____

3. Putzmittel / Fastfood

_____

German 3 Komm mit!, Chapter 7

3 Heike and Meike are twins; they are similar in many ways and share many things. Fill in the blanks below with the correct forms of **dieselbe** and **die gleiche**.

Heike und Meike sind Zwillinge, und sie sehen sich sehr ähnlich: sie haben _____

Nase, _____ braunen Augen und _____ braune Haar. Sie haben

auch _____ Geschmack für Kleidung. Und weil sie Geld sparen wollen, teilen sie

sich, was sie kaufen. Sie haben _____ gestrickten Pulli, _____

schicke Kleid und _____ Stiefel. Weil sie im _____ Alter sind, gehen

sie auch in _____ Schule und haben _____ Mathelehrer. Sie sind

auch zum Teil mit _____ Leuten befreundet. Für die Zukunft hat jeder Zwilling

_____ Ziel: jeder will an einer Uni studieren, wo ihre Schwester nicht studiert!

4 Fill in each blank in the following sentences with a determiner of quantity (**wenige, mehrere, ein paar, einige, viele, etliche**) that reflects the number in parentheses. Then fill in the adjective endings.

BEISPIEL   Ich habe heute **mehrere** blöd__e__ Autoreklamen gesehen. (10)

1. Meine Eltern werden von _____ verführerisch__ Reklamen beeinflusst. (2)

2. Ich muss gestehen, dass ich _____ teur__ Pullis gekauft habe. (3)

3. _____ berühmt__ Leute preisen _____ unnötig__ Produkte

   an. (7, 5)

4. Während der Pause kommen _____ laut__ Reklamen. (20)

5. Der Interviewer erzählt von _____ naiv__ Konsumenten. (8)

5 Is there someone with whom you have a lot in common? Using Activity 3 as an example, write a paragraph describing how you are similar to and what you share with a good friend or a sibling.

_____

_____

_____

_____

_____

_____

_____

_____

_____

_____

6 Renate recently bought a new car, but she is disappointed with it because it didn't live up to the expectations she had, based on advertisements she had seen. Fill in the blanks in her complaint with words from the box.

schlechter		besser	wie	teurer	atemberaubend vergleiche
	so superschnell		langsamer	als	raffiniert

Ich habe neulich ein neues Auto gekauft, aber ich bin ziemlich enttäuscht. In der

Reklame sah es _____ und _____ aus, aber wenn ich

es mit meinem alten Auto _____, ist es nicht viel

_____. Es ist sogar _____! Es ist

_____ _____ mein altes Auto: es kann nur 80

Stundenkilometer fahren. Es ist auch viel _____ als mein altes Auto,

weil es mehr Benzin verbraucht. Leider ist es nicht _____ toll

_____ es in der Reklame aussah. Die Reklame war ganz schön

_____!

7 Like Renate, you have probably been disappointed by products you have purchased or used in the past. Cut out an ad for a product that disappointed you and paste it in the box. Using Activity 6 as an example, compare the ad to what you really got!

_____

_____

_____

_____

_____

_____

_____

_____

_____

_____

_____

_____

8 Think about ads for the following types of products. How do you react to them? Which ones annoy you the most? What annoys you about them? For each type of product, write a sentence describing what annoys you about their ads.

BEISPIEL   Waschpulver: **Es regt mich auf, dass Waschpulverreklamen die Frau in der traditionellen Rolle zeigen.**

Schokolade _____

_____

Autos _____

_____

Parfüm _____

_____

Cola _____

_____

Kino-Filme _____

_____

9 Now that you've spent so much time talking about advertising, think about your own consumer habits. Answer the questions the interviewer asked Stefan and Constance in the **Los geht's!** section of your textbook.

1. Welche Reklame regt dich auf?

   _____

   _____

2. Wie wirst du zum Kaufen angeregt? Was ist die Rolle der Werbung?

   _____

   _____

3. Welche Reklame findest du gut? Welche findest du schlecht?

   _____

   _____

4. Welche Produkte kaufst du? Warum? Kaufst du dir Statussymbole?

   _____

   _____

■ Landeskunde

1 Read about TV advertising in Germany on page 189 in your textbook, and then answer the questions below.

1. Think about the German TV advertising laws for private stations. If a 90-minute film can be interrupted twice and up to 20% of the program time can be advertising, how long would the commercial breaks be (assuming they're equal in length)?

   _____

   _____

   _____

2. Does the U.S. make a distinction between public and private stations? Which ones are public? Private? How are these various stations financed?

   _____

   _____

   _____

3. How long are commercial breaks in the U.S.?

   _____

   _____

4. Which system would you, as a viewer, prefer? Which system do you think sells products more effectively? Why?

   _____

   _____

   _____

2 Ask your German teacher to show you some German ads on a video or from German magazines. Compare the German ads to American ads. What differences do you notice between them?

Fill in the chart below with your observations:

Deutsche Werbung	Amerikanische Werbung

■ Weiter geht's!

1 Think of an ad you remember from your childhood. Describe the ad as well as you can in the space below. Then answer the questions.

1. Was ist der Werbespruch dieser Reklame?

2. Was wird versprochen? Was wird wirklich verkauft?

3. Was soll der Kaufreiz sein?

4. Wolltest du dir das Produkt als Kind kaufen? Konntest du es dir leisten?

5. Nutzt diese Reklame deine Gefühle aus?

6. Hat diese Reklame eine versteckte Mitteilung? Was für eine?

7. Sind die Darsteller in der Reklame nur Blickfänger?

8. Klärt die Reklame über das Produkt auf?

9. Wie reagierst du jetzt auf diese Reklame? Regt sie dich auf?

■ Zweite Stufe

1 Hartmut is about to go out for the evening and his little brothers are pestering him with questions. He's in a hurry, and gives them vague answers. Form his answers with **irgend**-words.

BEISPIEL   Wohin gehst du? **Irgendwohin.**

1. Mit wem gehst du aus? _____

2. Was macht ihr zusammen? _____

3. Wann kommst du nach Hause? _____

4. Wie kommst du ohne einen Schlüssel ins Haus? _____

5. Wo können wir dich finden, wenn dich deine Freunde anrufen? _____

2 Fill in the blanks with the correct relative pronouns. Then place your answers in the puzzle. Underline the antecedent of the pronoun in the clue. (Hint: for **wo** and **was**, the antecedent can sometimes be the whole preceding clause.)

Across:

1. Ich habe den Kerl gesehen, _____ in dieser Reklame erscheint.

2. Die Waren, _____ man wirklich braucht, brauchen keine Reklame.

3. Ich kann mir nicht leisten, _____ in dieser Reklame angepriesen wird.

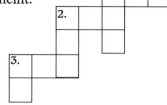

Down:

1. Der wirkungsvollste Werbespruch, _____ ich je gehört habe, war von einer Cola Firma.

2. Die Reklame für das Auto, _____ ich mir kaufen möchte, ist ganz raffiniert.

3. Das Fernsehen ist ein großer Katalog, _____ alles Mögliche angepriesen wird.

3 You have a computer that you have programmed to write opinions about advertising and to ask for your agreement (for the purpose of practicing your German, of course). Given the input in the boxes below, divided into subjects, verbs, and objects, what opinions could your computer come up with? Agree or disagree with them.

BEISPIEL   COMPUTER   **Die Werbung verspricht einem die Welt, meinst du nicht?**
                  DU   **Logisch!**

Subjects	Verbs	Objects
die Werbung	klarstellen	die Welt
das Produkt	verbieten	die Freiheit
der Star	sich sehnen nach	das Gefühl
die Reklame	versprechen	Dinge zu kaufen
Kinder	verwenden	
die Mitteilung	werben	
der Kaufreiz	verführen	
der Konsument	wahrnehmen	

(continued on p. 87)

German 3 Komm mit!, Chapter 7

1. COMPUTER _____

_____

        DU _____

2. COMPUTER _____

_____

        DU _____

3. COMPUTER _____

_____

        DU _____

4. COMPUTER _____

_____

        DU _____

5. COMPUTER _____

_____

        DU _____

4 Read each of the main clauses below. Then write a relative clause to complete each sentence in a meaningful way.

1. Ich kaufe mir alles, _____

_____

2. Meine Eltern können es sich leisten, _____

_____

3. Die Wirtschaft ist ein komplexes System, _____

_____

4. Manche Reklamen haben eine versteckte Mitteilung, _____

_____

5. Diese Reklame richtet sich an die kleinen Kinder, _____

_____

6. Ein Kaufhof ist ein Ort, _____

_____

5 Look at this ad and describe it in the space below.

_____

_____

_____

_____

_____

_____

_____

_____

_____

_____

_____

6 Read the following newspaper article. Then determine what is certain and what only seems to be true. Write this information in key words in the chart below.

Dieses Wochenende kommt eine neue Musikgruppe in unsere Stadt. „Heulen und Weinen", wie die Musiker sich nennen, spielen Samstagabend um 20 Uhr in der großen Halle. So viel ist klar: diese Gruppe macht eine große, aufregende Schau. Weniger klar ist, ob die Musik einen anspricht. Sie richtet sich wahrscheinlich an die jungen Zuhörer, die noch solche lauten Klänge wahrnehmen können. Eltern: Seien Sie gewarnt! Sie sollten den Kindern lieber dieses Konzert verbieten, wenn Sie das Gehör Ihrer Kinder behalten wollen.

Es steht fest:	**Es scheint:**
_____	_____
_____	_____
_____	_____
_____	_____
_____	_____
_____	_____
_____	_____
_____	_____
_____	_____

7 Ute and Martin are having a debate about the pros and cons of advertising. Ute is for advertising whereas Martin is against advertising. Their arguments are summarized below. Use these clues to write out their debate.

Werbung ...

... klärt den Konsumenten über die Produkte auf.

... macht einen aufmerksam auf die Wirkung eines Produkts.

... hilft der Wirtschaft.

... macht doch Spaß und bezahlt das meiste Fernsehen.

... ist nicht so schädlich, weil man sich daran gewöhnt.

... kann auch progressive Ideen anpreisen, z.B. den Mann als Hausmann.

Werbung ...

... nutzt die Gefühle des Konsumenten aus.

... verspricht mehr, als die Produkte geben können.

... mit Kindern ist schädlich.

... verführt den Konsumenten zum Kaufen.

... macht Leute unglücklich, weil sie dann Dinge wollen, die sie sich nicht leisten können.

... verkauft mehr ein Image als ein Produkt.

... verbreitet schlechte Stereotype.

_____

_____

_____

_____

_____

_____

_____

_____

_____

8 There is probably no ultimate answer to the question of whether advertising is good or bad. Rather, there are good ads and bad ones. Create your own ad in the space to the right, modelling what you think comprises good advertising.

1. Was ist gut an dieser Reklame?

   _____

   _____

2. Was ist der Werbespruch?

   _____

   _____

3. Was wird verkauft?

_____

4. Was ist der Kaufreiz?

_____

■ Zum Lesen

Einige Gallier:

Asterix, der Held dieser Abenteuer. Ein listiger kleiner Krieger, voll sprühender Intelligenz, dem alle gefährlichen Aufträge bedenkenlos anvertraut werden. Asterix schöpft seine übermenschliche Kraft aus dem Zaubertrank des Druiden Miraculix...

OUAH! OUAH!

Obelix ist der dickste Freund von Asterix. Seines Zeichens Lieferant für Hinkelsteine, großer Liebhaber von Wildschweinen und wilden Raufereien, ist er stets bereit, alles stehen und liegen zu lassen, um mit Asterix ein neues Abenteuer zu erleben. In seiner Begleitung befindet sich Idefix, der einzige als umweltfreundlich bekannte Hund, der vor Verzweiflung aufheult, wenn man einen Baum fällt.

Miraculix, der ehrwürdige Druide des Dorfes, schneidet Misteln und braut Zaubertränke. Sein größter Erfolg ist ein Trank, der übermenschliche Kräfte verleiht. Doch Miraculix hat noch andere Rezepte in Reserve...

Majestix schließlich ist der Häuptling des Stammes. Ein majestätischer, mutiger, argwöhnischer alter Krieger, von seinen Leuten respektiert, von seinen Feinden gefürchtet. Majestix fürchtet nur ein Ding: daß ihm der Himmel auf den Kopf fallen könnte! Doch, wie er selbst sagt: „Es ist noch nicht aller Tage Abend."

Troubadix ist der Barde! Die Meinungen über sein Talent sind geteilt: Er selbst findet sich genial, alle anderen finden ihn unbeschreiblich. Doch wenn er schweigt, ist er ein fröhlicher Geselle und hochbeliebt...

1 Before reading the text, look at each character and brainstorm words in German you would use to describe each one.

2 Now scan the text. Do you see any of the words from your list in the text? Which ones?

3 Carefully read the text and answer the following questions based on what you read.

1. Which character is the hero of the comic strip? Where does he get his strength?

_____

_____

2. Which character is the chief of the tribe? What is the one thing he fears?

_____

_____

3. Which character is the bard or minstrel? How do the people assess his talent?

_____

_____

4. Who is Asterix's best friend? Is he a loyal friend? Why or why not?

_____

_____

5. Why is the dog, Idefix, considered to be environmentally friendly?

_____

_____

6. What is the druid Miraculix's most successful magic potion?

_____

_____

4 Each of the underlined words refers to an object, quality, or activity in the picture of the character indicated. Use the pictures to help determine the meanings of the words.

1. Obelix ist Lieferant für <u>Hinkelsteine</u>. _____

2. Miraculix <u>braut</u> Zaubertränke. _____

3. Majestix ist <u>der Häuptling</u> des Stammes. _____

4. Troubadix ist ein fröhlicher <u>Geselle</u>. _____

5 Does this comic strip remind you of others with which you are familiar? Which ones? Why?

_____

_____

6 Which one of the characters do you like best? What qualities does he possess?

_____

_____

7 Create a new character to add to this comic strip. Draw and describe him or her on a separate sheet of paper.

Weg mit den Vorurteilen!

■ Los geht's!

1 Match the statements German students make about Americans with the appropriate pictures.

A.   B.   C.

_____ 1. „Amerikaner kauen den ganzen Tag Kaugummi! Und so laut auch!"

_____ 2. „Amerikaner sind äußerst hilfreich."

_____ 3. „Amerikaner ziehen sich immer sehr laut an und haben immer eine Kamera um den

              Hals."

_____ 4. „Die amerikanischen Jugendlichen sind sehr freundlich und offen."

_____ 5. „Die Amerikaner haben keinen Geschmack."

_____ 6. „Es stört mich, dass so viele Amerikaner dauernd fernsehen."

2 Circle the numbers of the statements above which you think are stereotypes or clichés, and star the ones you think are well-founded opinions.

■ Erste Stufe

1 Read the following situations and react to them with surprise, disappointment, annoyance, or displeasure.

BEISPIEL Du hast Geburtstag, aber du musst trotzdem zur Schule gehen und eine Prüfung schreiben.
Es ärgert mich, dass ich zur Schule gehen muss.

1. Deine Eltern haben anscheinend vergessen, dass du Geburtstag hast.

   _____

2. Aber sie haben eine Party für dich vorbereitet, und alle deine Freunde sind da.

   _____

3. Später bemerkst du, dass du kein Stück Kuchen bekommen hast.

   _____

4. Außerdem ist das Haus jetzt so schmutzig.

   _____

5. Am nächsten Morgen aber, als du aufstehst, ist alles schön sauber.

   _____

2 Many stereotypes are spread through advertising. Cut a picture of a "typical" American family from a magazine or newspaper ad and paste it in the space to the right. Then answer the questions that follow based on the ad you chose.

1. Verbreitet diese Reklame eine Klischeevorstellung von der amerikanischen Familie, oder baut sie solche Klischees ab? Begründe deine Antwort!

   _____

   _____

2. Beschreib die Familie in dem Bild! Welche Klischees oder Stereotype tauchen hier auf? Was ist nicht stereotypisch?

   _____

   _____

(continued on p. 94)

German 3 Komm mit!, Chapter 8

3. Hat diese Reklame Bezug zur Realität? Warum oder warum nicht?

_____

_____

4. Wie reagierst du auf diese Reklame? Was hältst du von dem Familienbild, das sie darstellt?

_____

_____

3 Fill in the blanks with **als**, **wenn**, or **wann** as appropriate. Then use your answers to complete the crossword puzzle below.

Across

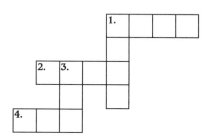

1. Ich weiß nicht, _____ Kohl Kanzler wurde, weil ich so wenig Bezug zur deutschen Politik habe.

2. _____ fangen wir endlich an, Vorurteile abzubauen, statt sie weiter zu verbreiten?

4. Ich war besonders erstaunt, _____ ich sah, dass die meisten Deutschen keine Lederhosen tragen.

Down

1. _____ jemand Klischees verbreitet, stört es mich sehr.

3. _____ der Austauschschüler nach Amerika kam, änderte er sehr schnell seine Meinungen über die Amerikaner.

4 Underline the coordinating conjunctions and circle the subordinating conjunctions in the box. Then combine statements from the right-hand column with sentences from the left-hand column using an appropriate conjunction from the box. Try to use as many different conjunctions as possible. Rewrite the combined sentences in the spaces on the following page, making word order changes wherever necessary.

BEISPIEL   **Ich war enttäuscht, als ich sah, dass die Deutschen keine Lederhosen tragen.**

Ich weiß so wenig über Politik.
Die Deutschen haben so wenig Bezug zu
  Amerika.
Leute verbreiten immer ihre dummen
  Vorurteile.
Leute geben wieder, was sie von anderen
  hören.
Du sollst deine Vorstellungen noch einmal
  überprüfen.
Ich habe freundliche Jugendliche
  kennen gelernt.
Ich sah, dass die Deutschen keine
  Lederhosen tragen.

aber   bevor
denn
         wie
oder
         wenn
weil
und   dass
als sondern

Ich bedaure.
Ich war enttäuscht.
Es regt mich auf.
Ich finde es unangenehm.
Das stimmt vielleicht.
Ich habe mich gefreut.
Ich bin überrascht.

(continued on p. 95)

KAPITEL 8 Erste Stufe

_____

_____

_____

_____

_____

_____

_____

_____

_____

5 Think about events that have occurred lately—in the news, with your friends and family, or at school. What surprised, disappointed, or disturbed you? What did you find unpleasant? Use key words to fill in the chart below.

Ich fand es unangenehm, dass	Ich bedaure, dass	Ich war erstaunt, dass	Es hat mich gestört, dass

6 Use the subordinating conjunctions **als**, **dass**, and **weil** to explain your answers in the chart above.

BEISPIEL   **Ich war erstaunt, dass ich eine Prüfung schreiben musste, weil ich nichts davon gehört hatte.**

_____

_____

_____

_____

_____

_____

_____

_____

KAPITEL 8 Erste Stufe

7 Dieter is a German exchange student at your school. He is telling you what he thinks of Americans and American culture. Fill in the blanks in your conversation using words and phrases taken from the box.

> ich war erstaunt   Vorurteile verbreiten   Rad fahren   zu Fuß gehen
>
> überraschen   es stört mich   es ärgert mich
>
> ich hatte gedacht   äußerst freundlich und herzlich
>
> enttäuscht   Vorurteil
>
> sich vorstellen   ich bedaure   wenig für die Umwelt tun   Auto fahren

    DU   Dieter, was hältst du eigentlich von den Amerikanern? Sind wir so, wie du es

_____?

DIETER   Ja und nein. Also, _____, dass die Amerikaner

_____ sind, und das sind sie auch. Auf der

anderen Seite war ich _____, wie oft man hier

_____. Niemand _____ oder

fährt Rad. _____, dass die öffentlichen Verkehrsmittel

nicht besser sind. Ich muss oft zu Hause bleiben, nur weil ich kein Auto habe.

    DU   Ja, so ist es. Manchmal muss ich auch zu Hause bleiben.

DIETER   _____, dass es so ist. _____,

dass die Amerikaner _____. Die Bäume werden bald

sterben, wenn ihr alle so weiter fahrt.

    DU   Na ja, ist das nicht irgendwie ein _____? Nicht alle

Amerikaner sind so. Ich, zum Beispiel, habe kein Auto, und ich denke ständig an die

Umwelt. Du solltest natürlich keine _____.

DIETER   Du hast Recht. _____ eben nur

_____ und _____, weil die

Verkehrssituation hier anders ist als in Deutschland.

8 Your discussion with Dieter disturbed you, and you want to get another opinion. Write a letter to your German pen pal telling him or her about the discussion you had with Dieter. Tell him or her how you feel about some of the opinions Dieter expressed. Are you surprised or disappointed? Finally, ask your pen pal whether he or she agrees with Dieter's assertions.

_____

_____

_____

_____

_____

■ Landeskunde

1 If you want to get rid of prejudices and clichés about foreigners, the next best thing to going abroad is to talk with people from other countries and find out what they're really like.

    1. Think of a foreign student at your school with whom you could talk. What country is this person from? How long has this person been living in the United States?

        _____

        _____

    2. What stereotypes, clichés, and opinions do you have about people from this country? Analyze these ideas. Why did you develop these assumptions?

        _____

        _____

    3. Now interview this person. Ask questions like the following, and any others that pertain to the preconceived ideas you have about people from this country:

            What kinds of things do you do in your free time?
            What is your relationship with your parents like?
            What is school like in your country?
            What kinds of foods do you eat?
            What kinds of clothes do you like to wear?

        _____

        _____

        _____

2 Stereotypes of people from other countries often originate in our own cultural prejudices. We believe Germans are typically "difficult to approach" because, as Americans, we are supposedly "open and friendly." On the other hand, Germans stereotypically perceive our friendliness as superficial because it is not so common in their culture. They complain that they never know where they stand with Americans. Find out what your interviewee thinks about Americans and see if these ideas give you any insight into your own beliefs about his or her country. Write what your interviewee thinks of Americans in the space below.

_____

_____

_____

_____

_____

_____

_____

■ Weiter geht's!

1 Match the following statements about Germans with the appropriate pictures.

A.   B.   C.

_____ 1. „Die Deutschen sind immer dick, weil sie so viel Wurst essen und Bier trinken."

_____ 2. „In Deutschland sind die Leute sehr umweltbewusst."

_____ 3. „Die Deutschen sind sehr ehrgeizig. Sie müssen immer beweisen, dass sie stark sind."

_____ 4. „Alle Jugendlichen treiben sehr viel Sport."

_____ 5. „Die Deutschen tragen immer Lederhosen."

_____ 6. „Die Deutschen haben eine unwahrscheinliche Liebe für die Natur."

_____ 7. „Die Deutschen mögen ihre Tiere. Hunde gehen überallhin mit."

2 Circle the numbers of the statements above that you think are stereotypes or clichés, and star the ones you think are well-founded opinions.

German 3 Komm mit!, Chapter 8

KAPITEL 8 Weiter geht's!

■ Zweite Stufe

1 Look at the following pictures. What do you assume is going on?

BEISPIEL  **Ich vermute, dass er seine Schlüssel im Auto eingeschlossen hat.**

1.  _____

_____

2.  _____

_____

3.  _____

_____

4.  _____

_____

5.  _____

_____

2 Imagine you are working as a travel agent in Germany, and several of your customers want to visit the United States. What recommendations and suggestions would you give people who want to travel to the following places?

BEISPIEL   Arizona: **Es lohnt sich wirklich, den Grand Canyon zu besuchen.**

1. Chicago, Illinois _____

2. Orlando, Florida _____

3. New York, New York _____

4. Los Angeles, California _____

5. Your town _____

3 Look at the verbs in the box. Which have separable prefixes and which do not? Underline those with separable prefixes and circle the rest!

abbauen   übersetzen   annehmen   abholen

wiedergeben   überraschen   verbreiten

wiederholen   unterstützen   vorstellen

begeistern   aufregen   abfahren   verstehen

einladen   erstaunen

überprüfen   besuchen   mitbringen   beobachten

4 Fill in each blank with a verb from the box in Activity 3.

Es _____ mich _____, wenn Leute Klischeevorstellungen

und Stereotype von Deutschen _____. Sie _____ einfach

_____, dass die Deutschen so sind, wie man es in Filmen sieht, ohne die

Deutschen selbst wirklich kennen zu lernen. Solche Leute werden überrascht sein, wenn sie

einmal Deutschland _____, denn sie werden schnell _____,

dass ihre Klischeevorstellungen falsch sind. Diesen Leuten sage ich: _____

keine Klischees _____, sondern _____ die Deutschen, wie

sie wirklich sind und _____ eure Meinungen! _____ eure

Vorurteile endlich einmal _____!

5 Make sentences out of the following fragments. Don't forget to insert **zu** when necessary.

1. Er / verbreiten / Klischees / von den Deutschen

   _____

2. Wir / einladen / unsere Freunde

   _____

3. Ich / versuchen / meine Vorurteile / abbauen

   _____

4. Sie (pl.) / anfangen / ihre Meinungen / überprüfen

   _____

   Write the next two sentences in the conversational past, using the fragments provided.

5. Du / annehmen / dass / die Deutschen / sein / stur

   _____

6. Ich / vorstellen / mir / dass / die Deutschen / sein / fleißig

   _____

6 Imagine you have a younger brother or sister who is about to enter high school. When you entered high school, you made a few false assumptions and even some mistakes. Now that you've got some experience, you can give your younger brother or sister some advice. Make suggestions and recommendations, and warn your sibling against making the same mistakes you made. Look in the box for ideas.

BEISPIEL   **Ärgere die Lehrer nicht!** oder **Es lohnt sich, den Deutschkurs zu belegen.**

> früh nach Hause kommen   Deutschkurs belegen   Fußball spielen
> pünktlich zum Unterricht gehen   Kaugummi im Klassenzimmer kauen
> die Lehrer ärgern   Hausaufgaben rechtzeitig machen   im Chor singen

_____

_____

_____

_____

_____

_____

_____

7 Think about the following groups of people and write down at least one thing you believe about them. Think also of where you got that impression, i.e. from the newspaper, from TV shows, or from your parents. Is this idea a stereotype, a cliché, or an opinion? Fill in the chart below.

Ich nehme an, dass ...	Woher habe ich diese Idee?	Stereotyp/Klischee/Meinung
Mexikaner:		
Japaner:		
Franzosen:		
Engländer:		
Russen:		

8 Now formulate complete sentences, using information from the chart in Activity 7.

BEISPIEL   **Vom Fernsehen hatte ich den Eindruck, dass alle Japaner fleißig sind.**

_____

_____

_____

_____

_____

9 Survey people in your school to find out what they think of Germans. Do they have the same ideas found in your textbook? Do they have prejudices, clichéd images, or well-founded opinions of Germans? How did they form these impressions? Prepare your survey questions on a separate page, and then summarize the results of your survey in the space below!

_____

_____

_____

_____

_____

_____

_____

_____

_____

_____

■ Zum Lesen

1 In this article, you'll read what people around the world think is "typically German." Before you begin to read, decide what you think is typically German for each of the categories below.

Stereotype: _____

typische Gegenstände: _____

deutsche Phänomene/Ereignisse: _____

typisch für die deutsche Sprache: _____

wie Deutsche im Ausland sind: _____

KAPITEL 8 Zum Lesen

Typisch Deutsch

Was ist für Sie typisch Deutsch? Diese Frage stellten wir in TIP. Leser aus der ganzen Welt antworteten uns. Hier ist das Ergebnis.

Stereotype

Pünktlichkeit, Ordnung und Sauberkeit sind für viele JUMA/ TIP-Leser typisch deutsche Eigenschaften.

Auch andere Stereotype wie Gartenzwerge und Lederhosen, Trachten bzw. Dirndlkleider, Fachwerkhäuser und romantische Städte, Jodelmusik und Bierfeste werden immer wieder genannt. Für C.J. Frank aus Sacramento, USA, ist ganz Bayern typisch Deutsch.

Essen und Trinken

Bestimmte Nahrungsmittel und Getränke gelten ebenso als typisch deutsch: vor allem Bock- und Currywurst, Eisbein mit Sauerkraut, Schwarzwälder Kirschtorte, Schwarzbrot, Bier und Mineralwasser. Karolina Jakubiak aus Random, Polen, nennt Weihnachtsstollen und Osterhasen aus Schokolade. K. Andrews aus Care, Australien, denkt an Schwarzbrot und Schmalz. Für Jim Jacobs aus Stillwater, USA, ist Apfelsaft typisch deutsch.

Gegenstände

Als typisch deutsche Gegenstände gelten der Nußknacker und der Weihnachtsbaum, die Mundharmonika und die Kukkucksuhr, die Schultüte für Erstklässler,

der Bierkrug und die kurze Lederhose. Selbst die ostdeutsche Weihnachtspyramide wurde mehrfach genannt. Zinaida Wessere aus Wezumniek, Lettland, und Kurakina Alla aus Ishewsk, Rußland, schrieben „Porzellan aus Meißen" auf den TIP-Coupon. Auch eine deutsche Fluglinie, Automobile aus Wolfsburg, aus München und aus Stuttgart wurden mehrfach angeführt.

Deutsche Phänomene

Als typisch deutsche Phänomene gelten Volksfeste und Energiesparen, tüchtige Hausfrauen und Kaffeeklatsch, Umweltschutz und die Fußball-Bundesliga, Schrebergärten und Trinkgelder.

Annie Besnier aus L'Hay-les-Roses, Frankreich, hat in Deutschland immer Schwierigkeiten, im Restaurant Leitungswasser zu bestellen. Außerdem beeindruckt sie, daß die Handtücher täglich gewechselt werden. Julien Mathiaud, Saint-Victor, Frankreich, schreibt: „Die Geschäfte sind Samstag nachmittags geschlossen, und nur einmal im Monat gibt es einen 'langen Samstag'." Philippe Auriol, Castelvieilh, Frankreich, verbindet bestimmte Gerüche und Geräusche mit Deutschland, z.B. den Duft von frischgebackenen Brötchen oder Blasmusik.

Beata Kowalsak aus Pinczów, Polen, denkt ans Grillen am Wochenende, wenn sie Deutschland hört. Für Swetlana

Walikowa aus Nikolajew, Ukraine, gibt es eine typisch deutsche Gastfreundschaft. Andrew Parnell, Mississauga, Kanada, findet, daß ein WC im Badezimmer typisch deutsch ist.

Typisch Deutsche Sprache

Auch die deutsche Sprache hat für manche typische Eigenarten. Für Djemaa Cherrad, Constantine, Algerien, sind das zusammengesetzte Wörter wie Donaudampfschiffahrtsgesellschaft oder Kraftfahrzeugreparaturwerkstatt. Norbert Longauer aus Banska Bystrica, Slowakei, findet Deutsch einfach schwer. Probleme mit der deutschen Sprache sind für ihn „typisch".

Deutsche im Ausland

Für einige Teilnehmer an der TIP-Aktion sind dagegen bestimmte Verhaltensweisen oder Eigenschaften von Deutschen im Ausland typisch. Laut R. Moltsschanowa, Taganrog, Rußland, besitzen Deutsche meistens eine Fototasche, und alle haben einen dicken Bauch: „Von dieser Regel gab es bisher keine Ausnahme!" Nach Ansicht von Maria Teresa Morais, Matosinhos, Portugal, suchen Deutsche im Urlaub nur Sonne und Meer. G.P. Falappi aus Sondrio, Italien, glaubt, daß Deutsche sich ärgern, wenn man sie im Auto überholt.

"Typisch Deutsch" from *TIP*. Reprinted by permission of **Tiefdruck Schwann-Bagel GmbH**.

2 For each of the categories listed in Activity 1, add at least three new things you read in the article.

Stereotype: _____

Gegenstände: _____

deutsche Phänomene: _____

typisch deutsche Sprache: _____

Deutsche im Ausland: _____

3 Answer the following questions based on what you read in the article.

1. Why is all of Bavaria typically German for C.J. Frank from Sacramento? Why are his ideas about Germany under the heading **Stereotype**?

   _____

   _____

2. Which of the typically German objects, **Gegenstände**, are things American tourists often bring home with them when they visit Germany? Which are German products that are sold around the world?

   _____

   _____

3. What is meant by the subtitle **deutsche Phänomene**?

   _____

   _____

4. Why is it amusing that Norbert Longauer finds problems with the German language to be typically German?

   _____

   _____

4 Look at this list of things that were considered to be typically German by at least one reader of *TIP.*

> Apfelsaft
> täglich gewechselte Handtücher
> Blasmusik
> Grillen am Wochenende
> Gastfreundschaft
> ein WC im Badezimmer
> deutsche Touristen mit einer Fototasche und einem dicken Bauch
> Suche nach Sonne und Meer

a. Which of these could also be considered typically American? Do you know anyone from any other country who shares these characteristics? If so, where are these people from?

   _____

   _____

   _____

b. Next to each item on the list, write down the country the person who said it is from. How do you think these home cultures affect people's ideas of what is typically German?

   _____

   _____

   _____

Aktiv für die Umwelt!

■ Los geht's!

1 Look at the following illustration. Match each statement in the right-hand column with the appropriate number in the illustration. Then draw a line to match each environmental problem on the right with a solution on the left.

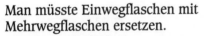

Man müsste Einwegflaschen mit Mehrwegflaschen ersetzen.	_____ Die Fabrik bläst Schadstoffe in die Luft.
Mehr Leute sollten Fahrgemeinschaften gründen.	_____ Die Autoabgase tragen zur Luftverschmutzung bei.
Man müsste den Hausmüll sortieren und vieles wieder verwenden.	_____ Die Leute verschmutzen die Landschaft mit Müll.
Man sollte nur umweltfreundliche Waschmittel mit dem Blauen Engel benutzen.	_____ Die Wasch- und Spülmittel verpesten das Wasser.
Die Fabrik müsste Schadstoffe und Abgase filtrieren, bevor sie in die Luft gelangen.	_____ Einwegflaschen werden weggeworfen.

■ Erste Stufe

1 Fill in the missing part of each of these words or phrases. Then unscramble the circled letters to spell something to which all of these things contribute.

1. __ __ ◯◯mittel und ◯ __ __ __ __mittel mit dem __ __ __ ◯ __ __ Engel

2. Pfand__ __ __ __ ◯ __ __

3. Papier__ __ ◯ __ __ __

4. Fahr__ ◯ __ __ __ __ ◯ ◯ __ ◯

5. ◯ __ __ ◯ sortieren

What do all of these things contribute to? _____

2 A mother is always very concerned about her baby. Look at what Mrs. Brockmann is worried about and write sentences based on these concerns in the spaces below.

_____

_____

_____

_____

_____

_____

_____

_____

_____

_____

3 Sabine's parents went away for the weekend and left her in charge of all her younger brothers and sisters because she recently turned eighteen. They also left a list of chores for each of them to take care of. Now it's Sunday night and nothing's been done. Look at the list below and decide whose fault it is that each of the chores hasn't been done. What kind of excuse do you think each of the siblings would make?

BEISPIEL **Sabine ist schuld an der schmutzigen Wäsche. Sie sagt, dass sie keine Zeit hatte.**

> Sabine: Wäsche waschen
> Elke: Müll sortieren, Flaschen
>   zum Container bringen
> Sven: Staub saugen
> Inez: Geschirr spülen

_____

_____

_____

_____

_____

_____

_____

_____

_____

4 Fill in the blanks with the correct subjunctive forms of the verbs **müssen**, **dürfen**, **sollen**, and **sein**. Then complete the crossword puzzle.

Across:

2. Du _____ nicht sehr glücklich, wenn das Ozonloch größer würde.

5. Die Leute _____ nur noch Pfandflaschen benutzen.

6. _____ ihr zufrieden, wenn wir eine Fahrgemeinschaft gründen würden?

Down:

1. Was _____ man machen, um die Umwelt zu schützen?

3. Wir _____ den Müll zu Hause sortieren.

4. Wenn ich nur Auto fahren _____!

KAPITEL 9 Erste Stufe

5 Martje is in bad shape. Read her story and then offer her some solutions to her problem, based on the ideas below.

> In den letzten Wochen war alles ganz schrecklich. Zuerst haben mein Freund und ich miteinander gestritten. Er ist jetzt für einen Monat nach Mexiko gegangen, und ich wollte, dass er hier bleibt. Danach konnte ich mich nicht so gut konzentrieren. Deshalb habe ich die Physikprüfung nicht bestanden, und ich habe eine sehr schlechte Note in meinem Zeugnis bekommen. Dann schimpften meine Eltern wegen der Note. Jetzt verstehen wir uns nicht mehr so gut. Was müsste ich oder könnte ich machen, um alles wieder gutzumachen?

> dem Physiklehrer alles erklären   dem Freund einen Brief schreiben
>
> mehr lernen   mit den Eltern sprechen   den Freund vergessen

Martje, du müsstest viel ändern, um dein Leben wieder auf den rechten Weg zu bringen. Zuerst müsstest du ... _____

_____

_____

_____

_____

_____

_____

_____

6 Think about the fears you have — about your future, about the environment, about crime, etc. What possible solutions can you think of for these problems? Use key words to note your fears and their solutions in the chart below.

Ich fürchte	Lösungen
Ozonloch wird größer	Treibgase vermeiden

German 3 Komm mit!, Chapter 9

7 Now use your answers in the chart on page 108 to write complete sentences.

BEISPIEL   **Ich fürchte, dass das Ozonloch immer größer wird. Aber man könnte giftige Treibgase vermeiden.**

_____

_____

_____

_____

_____

_____

_____

_____

8 The environmental policies of the government are very important, because they determine the environmental protection measures to which all companies and individuals in a country will have to adhere. Write a letter to the German **Bundeskanzler** expressing your fears about the environment and what you think could be done about them. Politely ask him or her to make some policy changes.

_____

_____

_____

_____

_____

_____

_____

_____

_____

_____

_____

_____

_____

KAPITEL 9 Erste Stufe

■ Weiter geht's!

1 Was machst du für die Umwelt? Look at the list below and check off the actions you take to help the environment.

U m w e l t l i s t e

——— Ich spare so viel Papier wie möglich.

——— Ich benutze immer beide Seiten von einem Blatt Papier.

——— Ich vermeide Tintenkiller und benutze meistens Bleistifte.

——— Ich kaufe Hefte und Briefpapier aus Recyclingpapier.

——— Ich bringe immer meine eigene Tüte mit, wenn ich einkaufen gehe.

——— Ich werfe Glas und Aludosen immer gleich in den Container.

——— Ich vermeide Einwegflaschen und Plastikbecher.

——— Ich spare so viel Energie wie möglich.

——— Ich mache das Licht aus, wenn ich das Zimmer verlasse.

——— Während ich dusche, drehe ich das Wasser ab, um nicht so viel Wasser zu verbrauchen.

——— Ich fahre Rad und gehe zu Fuß, anstatt immer Auto zu fahren.

---

2 Was könntest du für die Umwelt tun, was du bis jetzt nicht gemacht hast?
Put an x next to actions on the list you want to take for the environment.

Zweite Stufe

1 Germans reuse as many items as possible, and when it comes to throwing things away, they sort the trash into different bins. Sort the trash objects in the box by writing their names in the appropriate bins. Which items can't go in any of these bins? Circle them!

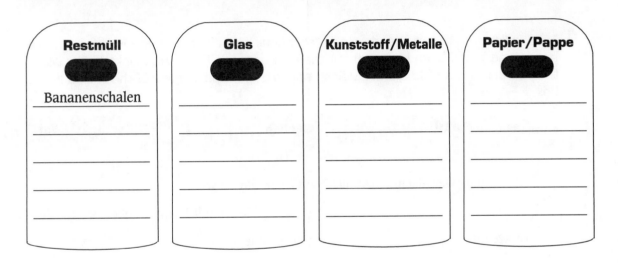

Bananenschalen Batterien alte Gummistiefel Einwegflaschen
Alufolie alte Briefe Spraydosen
Verpackungsmaterial kaputter Stuhl Altöl
Pappkartons Aludosen
Zeitungen Zwiebelschalen Gläser Plastiktüten

Restmüll	Glas	Kunststoff/Metalle	Papier/Pappe
Bananenschalen			

2 What is done with the various kinds of trash in Germany? Using the lists you made in Activity 1, write five sentences explaining what is done with different waste items.

BEISPIEL **Bananenschalen werden in den Restmüll geworfen.**

_____

_____

_____

_____

_____

KAPITEL 9 Zweite Stufe

3 Read the descriptions of wastefulness below and then suggest some solutions.

BEISPIEL   Das Licht brennt in einem Zimmer, obwohl niemand drin ist.
             Das Licht sollte ausgeschaltet werden.

1. Zwei Geschäftsleute trinken Kaffee aus Plastikbechern.

   _____

2. Die Wälder werden abgeholzt, weil Leute so viel Papier verbrauchen.

   _____

3. Ein Junge kauft ein neues Fahrrad, weil das alte kaputt ist.

   _____

4. Ein Mädchen wirft eine Mehrwegflasche in den Papierkorb.

   _____

4 Lene is listening to her grandmother talk about how different her youth would have been if more had been known about the environment. Fill in the blanks below with the correct forms of **hätten** or **wären** and with past participles of the words in the box.

| wissen   herstellen   verpesten   machen   ersetzen   werden   sein   sortieren |

Als ich jung war, dachte man nicht so viel an die Umwelt. Wenn wir

_____ _____, wie schädlich unser Lebensstil für die

Umwelt ist, _____ wir alles anders _____. Wir

_____ kleinere Autos _____, und dann

_____ wir die Luft nicht so stark mit Abgasen _____. Wir

_____ Einwegflaschen schon längst durch Mehrwegflaschen

_____. Wir _____ auch den Müll _____,

dann _____ die Müllhaufen nicht so groß _____. Ja, mein

ganzes Leben _____ anders _____. Leider haben wir das

alles nicht gewusst. Daher müssen wir jetzt mit dem Umweltschutz anfangen.

5 Each of the people pictured below would have done something else if their situation had been different. In the spaces below, write what they would have done.

BEISPIEL **Er hätte Tennis gespielt, wenn es nicht geregnet hätte.**

1.

_____

_____

2.

_____

_____

3.

_____

_____

4.

_____

_____

5.

_____

_____

6 We don't always get to do what we want to because circumstances (such as lack of time or money) often stand in the way. For each of the times listed below, think about things you wanted to do but couldn't.

BEISPIEL heute Morgen

Heute Morgen wäre ich gern Rad gefahren, wenn ich Zeit gehabt hätte.

1. Gestern _____

2. Letztes Wochenende_____

3. Letzte Woche _____

4. Vorigen Sommer _____

5. Vergangenes Jahr _____

7 Using each of the modals in the chart below, describe what you would like to be different in your life.

dürfte	**Wenn ich Auto fahren dürfte, würde ich damit zur Schule fahren.**
müsste	
könnte	
sollte	
wäre	
hätte	

8 Now assemble your sentences from the chart in Activity 7 to create a paragraph in the space below.

_____

_____

_____

_____

_____

_____

_____

9 Imagine you want to organize an environmental club at your school. Write a report to your school sponsor, giving your suggestions for what more could be done at your school for the environment.

An unserer Schule könnte viel mehr für die Umwelt getan werden. Zum Beispiel, ...

_____

_____

_____

_____

_____

_____

_____

_____

_____

_____

KAPITEL 9 Zweite Stufe

Landeskunde

1 Read **Ein umweltfreundlicher Einkauf** on page 251 of your textbook. Then answer the questions below.

1. Think about Chelsea's shopping experience in Germany. Do you think there might be any disadvantages to the German way of shopping? What are they?

_____

_____

2. How many groceries do you think Martin and Chelsea can buy in one trip? How often do you think they have to go shopping?

_____

3. Which method of shopping, the American or the German, do you prefer? Why?

_____

_____

2 The way we do our shopping can affect the environment. For example, the products we buy can have a tremendous impact because of the necessity of packaging and transporting these goods. Look at this shopping list, think about the packaging and transportation of the products associated with it, and modify it to be more environmentally friendly.

> *Shopping List*
> *frozen pizza* **die Pizza selbst machen** _____
> *gallon of milk (plastic jug)* _____
> *cola (3-liter bottle)* _____
> *granola bars* _____
> *yogurt (4-pack)* _____
> *canned beans* _____
> *frozen fish fillets* _____
> *applesauce* _____
> *canned vegetables* _____
> *frozen burritos* _____
> *ice cream bars* _____
> *frozen juice from concentrate* _____

3 The layout of German cities is quite different from that of most American cities, and this difference greatly contributes to the different ways of going shopping which you read about. Most German cities have a centralized pedestrian zone which is easily accessible by public transportation. What differences between American life and German life do you think result from the different layout of cities? What sorts of tasks that a German could take care of on foot would an American have to tend to by car?

_____

_____

KAPITEL 9 Landeskunde

■ Zum Lesen

1 Think about ready-made products you buy at the store. Where do they come from? Did they have to be transported a long way to get to your town? Could you make those products yourself if you had more time?

Selbermachen: Da weiß man, was man hat!

Rote Grütze kochen, Brot backen, Kleider nähen oder in Wohnung und Garten werkeln, ist nicht nur gut gegen Streß. Do-it-yourself ist auch gesünder, billiger, und man stellt etwas her, das andere nicht haben.

Jean Pütz, der die Fernsehsendung *WDR-Hobbythek* für Do-it-yourselfers leitet, hat früher alles selbst gemacht, aber jetzt benutzt er oft Fertigprodukte. Statt natürlicher Vitamine und Mineralstoffe aus Obst und Gemüse werden Pülverchen übers Essen gestreut und *Antiradikx*-Selenpillen eingeworfen. Als Durstlöscher empfiehlt Pütz *Frusip's*, Fruchtkonzentrate verschiedener Couleur, die mit Wasser aus einem speziellen Kohlensäurebereiter verdünnt und nach Gusto mit *Lightsüß*, *Konfilight* oder *Streulight* gesüßt werden.

Wie kam es zu diesem Wandel? „Anfangs wollte ich keine Fertigprodukte verwenden", sagt Pütz. „Dann merkte ich aber, die Leute sind zu faul." Darum entwickelt er immer neue Sachen, „von denen ich meine, daß es sie geben müßte, die es aber nicht gibt". Mittlerweile umfaßt die Palette der *Hobbythek*-Produkte 150 spezielle Kreationen, die in diversen *Hobbythek*-Büchern und Broschüren angepriesen werden.

Sind die Menschen wirklich zu faul? 40 Prozent der Bürger vertreten nach einer Studie des Lebensmittelmultis Nestlé die Ansicht, vorgefertigte, sogenannte Convenience-Produkte erleichterten die Arbeit. Diesen Trend gibt es auch in anderen Bereichen: Man kauft Anti-Falten-Cremes, Spezialreinigungsmittel für den Backofen, Blumensträuße und Waldis Futter lieber fertig. Freunde werden öfters angerufen als mit einem handgeschriebenen Brief überrascht. Geschenke sollen vor allem teuer aussehen – die persönliche Note darf da ruhig fehlen.

Doch dieser Trend ist nicht eindeutig. Es gibt ebenso eine Gegenbewegung: „Fernsehen, Flaschenbier und Filzpantoffeln als Symbole traditionell passiver Freizeitgestaltung dürften ausgedient haben", stellt Professor Horst Opaschowki, Leiter des BAT-Freizeit-Forschungsinstituts fest. Befragungen aus dem Sample-Institut bestätigen das. Es hakte 1993 bei 2600 Personen nach, was sie in der Freizeit gern gemacht hätten. Ganz oben auf der Liste standen zwar Fernsehen gucken und Radio hören. Doch jeder dritte nutzte die Freizeit auch für Gartenarbeit, jeder vierte werkelte im Heim.

Gleichzeitig bietet sich die Chance, selbstbestimmter und gesünder zu leben: Wer zu Fuß geht, macht sich unabhängig von nervenaufreibenden Staus und schnappt frische Luft. Ein selbst hergestellter Joghurt hat nur einen Liter Vollmilch und Joghurtkulturen in sich.

Wer ihn fertig kauft, löffelt auch noch Zucker, Konservierungsstoffe, Aromen und Verdickungsmittel. Wer das Marmeladekochen selbst in die Hand nimmt, streicht sich frische Früchte plus Zucker nach Gusto aufs Brot. Wer sie kauft, schluckt zudem Glucosesirup, Verdickungs- und Säuerungsmittel sowie möglicherweise Konservierungs-, Farb- und Süßstoffe.

Wer selbst Hand anlegt, weiß, was er hat. Undurchsichtig bleibt oft hingegen, was die Industrie uns auftischt: Mehr als 500 Zusatz- und Hilfsstoffe stehen in den Küchen der Nahrungsmittelhersteller, mehr als 2000 Zutaten in den Labors der Kosmetikindustrie. Die Textilveredler hantieren mit 8000 Ausrüstungs-Produkten. Gleichzeitig wird eine Menge Müll produziert. 30 Prozent der jährlich anfallenden 40 Millionen Tonnen Hausmüll stammt aus Verpackungen. Führt man sich die Höhe des Müllbergs vor Augen, machen Tüten und Flaschen sogar 50 Prozent seiner Größe aus. Hinzu kommen Energieverschwendung und Umweltverschmutzung durch Transporte. Ein Expertenteam der EU-Kommission bezifferte die Frachttransporte, die im Jahre 2010 zu erwarten sind, auf 1442 Milliarden Tonnenkilometer. 1988 waren es noch 830 Milliarden.

Selbermachen bietet die Möglichkeit, einen Teil der Produkte des Alltags zu ersetzen.

From "Da weiß man, was man hat!" by Annette Sabersky from *Öko-Test Magazin*. Reprinted by permission of *Öko-Test* Verlag, *Kasseler Straße 1a, 60486 Frankfurt, Germany*.

2 Answer the following questions based on what you read.

1. Why has Jean Pütz started using ready-made products on his program?

_____

2. What two opposing trends seem to be developing in Germany? What statistics are used to prove the existence of these two trends?

_____

_____

_____

3. What are some advantages of doing-it-yourself that are mentioned in the article?

_____

_____

4. What are some disadvantages mentioned in the article of buying ready-made products? What is the environmental impact? How are statistics used to make this point?

_____

_____

_____

3 Answer the following questions based on the statistics given in the text.

1. What company determined that 40% of people believe ready-made products make their work easier? Do we know how these figures were obtained? Do you think these statistics are valid?

_____

_____

2. Professor Horst Opaschowki claimed that traditional, passive, free-time activities may be losing popularity to other kinds of free-time activities. What statistics are used to 'prove' this assertion? What is their source? How were they obtained? Do you think these statistics prove the professor's point? Why or why not?

_____

_____

_____

3. Look at the underlined figures in the last paragraph of the text. To what do these figures refer? How do they support the author's point that doing-it-yourself is better than buying ready-made products?

_____

_____

_____

_____

_____

4 Which of the two trends mentioned in the article best characterizes your own buying behavior? Explain why.

_____

_____

4 Do you think the trend toward doing-it-yourself is as strong in the United States as it is in Germany? Why or why not?

_____

_____

KAPITEL 9 Zum Lesen

Name _____ Klasse _____ Datum _____

Die Kunst zu leben

■ Los geht's!

1 Look at the illustrations below. With what kind of cultural activity would you expect to find each one associated? Select the appropriate activity from the box!

| Volksfest | Film | Ausstellung | Technisches Museum | Konzert |

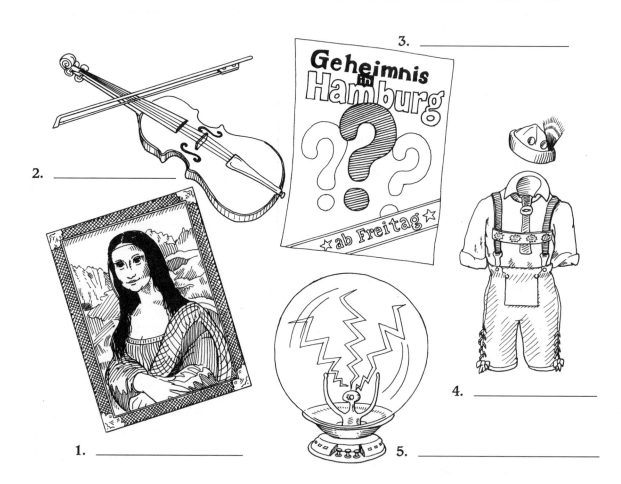

3. _____

2. _____

4. _____

1. _____

5. _____

2 Für welche dieser kulturellen Veranstaltungen interessierst du dich? Für welche interessierst du dich nicht?

_____

_____

_____

_____

▇ Erste Stufe

1 Each of the people pictured below is doing what he or she enjoys most. Based on this fact, decide what each of them could not imagine living without.

BEISPIEL  **Er könnte sich ein Leben ohne Musik nicht vorstellen.**

1.  _____

2.  _____

3.  _____

4.  _____

5. Ohne was könntest du dir dein Leben nicht vorstellen? Zeichne eine Skizze und beschreibe sie!

2 You've now learned a large number of prepositions and the cases they take. Look at the prepositions in the box and sort them into the appropriate lists.

> entlang für um gegen statt während zu außerhalb von trotz
> wegen ohne nach gegenüber innerhalb aus bei mit außer durch seit

Accusative	Dative	Genitive

Name _____ Klasse _____ Datum _____

3 Using the three lists you created in Activity 2, fill in the blanks in the dialogue below with the correct prepositions. Use the endings on the adjectives to help you determine the case of the noun and what category of preposition is needed. Klaus and Barbara are talking about going to an art exhibit.

KLAUS   Hallo, Barbara! Na, du, ich bin eben mit meinem Fahrrad _____ die

Stadt gefahren. Da habe ich _____ dem Kunstmuseum _____

der Ottstraße gesehen, dass eine neue Ausstellung kommt. Möchtest du

_____ mir hingehen?

BARBARA   Ja, klar! Aber _____ der Woche kann ich nicht, weil ich verschiedene

Sachen _____ meine Mutter besorgen muss. Sie kann _____

ihrer Arbeit nicht einkaufen gehen. Deshalb gehe ich _____ die Stadt

und erledige die wichtigsten Sachen _____ der Schule.

KLAUS   Kannst du dir nicht _____ des Einkaufens mal _____ der

Woche freinehmen? _____ montags muss man bezahlen; nur montags

kann man sich die Ausstellung kostenlos ansehen.

BARBARA   Ja, vielleicht. _____ letzter Woche scheint meine Mutter doch ein biss-

chen mehr Zeit zu haben. Ich werde sie fragen, ob ich mitkommen darf. Aber

würdest du nicht _____ der Ausstellung lieber ein Konzert hören?

4 What kinds of clothing do you generally prefer to wear? What kind of shoes, what kind of headgear, and what kind of jewelry or accessories make up your typical wardrobe? In the summer? In the winter? Use items from the box below to describe your clothing tastes.

BEISPIEL   **Ich trage hauptsächlich bequeme Klamotten: T-Shirts, Jeans und eventuell auch eine Sportmütze. Ich würde mir möglicherweise auch eine Weste anziehen.**

bequem   schlampig   Westen   Shorts   Turnschuhe   Krawatten   Ketten
modisch   T-Shirts   Blusen   Ohrringe   hohe Absätze   Schale
Kleider   Jeans   Röcke   Pullis   Stiefel   Gürtel   Sportmützen   Mäntel

_____

_____

_____

_____

_____

German 3 Komm mit!, Chapter 10

5 Think about each of the following people. Do you admire them, envy them, or dis-
like them? Write a sentence explaining how you feel about each one.

BEISPIEL   Pavarotti: **Ich bewundere ihn, weil er so gut singen kann.**

1. Oprah Winfrey

_____

2. Dustin Hoffman

_____

3. Michael Jordan

_____

4. Madonna

_____

5. Mark Twain

_____

6. Eleanor Roosevelt

_____

7. Johann Wolfgang von Goethe

_____

6 Rewrite the underlined parts of the following sentences using a genitive preposition.

BEISPIEL   Ich kann heute Abend nicht ins Konzert gehen, weil ich meine Hausaufgaben
erledigen muss.
Ich kann heute Abend wegen der Hausaufgaben nicht ins Konzert gehen.

1. Ich möchte nicht die Kunstausstellung besichtigen, sondern das wissenschaftliche
Museum.

_____

2. Wenn sie in der Schule ist, kann sie natürlich keine Comic-Bücher lesen.

_____

3. Ich war so begeistert von Goethe, dass ich „Faust" in weniger als einem Monat gelesen habe.

_____

4. Was macht ihr zum Vergnügen, wenn ihr nicht in der Schule seid?

_____

5. Weil es regnete, konnten wir das Konzert im Stadtpark nicht besuchen.

_____

7 Look at the three products advertised below. Which one would you most prefer to buy, or which one might you buy? Which one would you be unlikely to buy? Explain your answers. What role does the ad play in your preference?

_____

_____

_____

_____

_____

_____

_____

8 Look at this list of goals and decide which ones are most important to you. Write your choices and your reasons for them in the space below.

_____

_____

_____

_____

_____

_____

_____

politisch engagiert zu sein

meine Pflichten und Verantwortungen zu erfüllen

viele Freunde zu haben

Verständnis für verschiedene Kulturen

Umweltschutz

um die Welt zu reisen

mit den Eltern gut auszukommen

gut auszusehen

9 You are planning to visit your German pen pal, Gustav, next summer. He writes you to tell you what you can do in his hometown of Freiburg, so he can plan your visit better. Read his letter and respond to it on a separate sheet of paper, letting him know which of the activities mentioned you would like to do.

Wie geht's? Ich habe neulich deinen Brief bekommen, und ich freue mich riesig auf deinen Besuch. Aber ich dachte, bevor du kommst, könnten wir planen, was wir zusammen machen werden.

Die Stadt hat ein unheimlich großes kulturelles Angebot: Es gibt mehrere Museen, und während der Woche deines Besuchs gibt es eine sehr ungewöhnliche Kunstausstellung „Abstrakte Malerei." Wir können natürlich all die Sehenswürdigkeiten auch besuchen: das Münster, eine große Kirche in der Innenstadt, oder das Martinstor und Schwabentor, Teile der alten Stadtmauer.

Um die Stadt herum gibt es auch viel zu tun. Wir können zusammen nach Titisee Neustadt fahren, wo du dir eine Kuckucksuhr oder einen Nussknacker kaufen kannst. Wir sind auch in der Nähe von Basel, der Schweiz, und von Frankreich. Die Möglichkeiten sind unbegrenzt. Also schreib mir, was du möglicherweise gerne machen würdest.

Bis bald,
dein Gustav

■ Weiter geht's!

1 What do you see in the theater? Label the numbered items in the spaces below.

1. _____

2. _____

3. _____

4. _____

5. _____

2 What might be done in this theater? Check off appropriate activities.

_____ 1. Instrumente werden gestimmt.

_____ 2. Baseball wird hier gespielt.

_____ 3. Es wird geklatscht.

_____ 4. Musik wird gespielt.

_____ 5. Es wird gelacht.

_____ 6. Autos werden repariert.

_____ 7. Der Dirigent wird begrüßt.

_____ 8. Lieder werden gesungen.

_____ 9. Dramen werden aufgeführt.

_____ 10. Bücher werden gelesen.

Name _____ Klasse _____ Datum _____

■ Zweite Stufe

1 Look at the following pictures. Are these people happy or sad? What are they happy or sad about?

BEISPIEL  **Er ist froh, dass das Baby schläft.**

    1.   2.   3.   4.

   1. _____

   2. _____

   3. _____

   4. _____

2 Almost every day, some good things and some bad things happen to us. Think about things that will happen, are happening, or that have happened to you. What are or were you happy about? What are or were you sad about? Fill in the chart below with key words. Then write your answers in complete sentences in the spaces below the chart.

	froh und traurig
morgen	
heute	
gestern	
letzte Woche	
vorigen Monat	
vergangenes Jahr	

BEISPIEL   **Ich bin froh, dass ich morgen nicht arbeiten muss.**

_____

_____

_____

3 Read this recipe for Mousse au chocolat. Then rewrite the instructions using the passive voice.

> ## MOUSSE AU CHOCOLAT
> **Zutaten:**
> 150 g bittere Schokolade, 3 Eigelb, 1 Ei, 3 Eiweiß, 50 g Zucker,
> 1 TL Kaffeepulver, 1 Becher Süßrahm
> **Anleitung:**
> Die Schokolade in kleine Stücke brechen und in einem kleinen Topf im Wasserbad zu einer flüssigen Masse verrühren. 1 Ei, 3 Eigelb, den Zucker und·das Kaffeepulver in eine Schüssel geben und über Wasserdampf schaumig schlagen. Die Schüssel aus dem Wasserbad nehmen und die Masse etwa 5 Minuten kalt schlagen. 3 Eiweiß steif schlagen und mit der flüssigen Schokolade und dem Süßrahm unter die Eigelbmasse rühren. Die Speise in Dessertgläser füllen und gut gekühlt servieren.

_____

_____

_____

_____

_____

_____

4 Think about what's been done at your school to help the environment. What was done 10 years ago? What still needs to be done? Use words in the box for ideas.

> Müll sortieren   Mehrwegflaschen verkaufen   Pfandflaschen zurückbringen
> Waschmittel mit dem
> Grünen Punkt benutzen   Fahrgemeinschaften bilden   Plastiktüten vermeiden
> weniger Papier gebrauchen

a. Was wurde vor zehn Jahren für die Umwelt gemacht?

_____

_____

b. Was ist bis jetzt schon für die Umwelt gemacht worden?

_____

_____

c. Was muss noch für die Umwelt gemacht werden?

_____

_____

5 Match the creators with their creations, and then write sentences in the passive voice describing what was made by whom. **Was wurde von wem gemalt, geschrieben oder komponiert?**

Wolfgang Amadeus Mozart	*die Odyssee*
Leonardo da Vinci	*Faust*
Ludwig van Beethoven	*Mona Lisa*
William Shakespeare	*die Zauberflöte*
Michelangelo	*die Mondschein Sonate*
Homer	*Julius Caesar*
Vincent van Gogh	*die Sonnenblumen*
Johann Wolfgang von Goethe	*Maria Stuart*
Friedrich von Schiller	*das Abendmahl*

1. _____

2. _____

3. _____

4. _____

5. _____

6. _____

7. _____

8. _____

9. _____

6 Chris wrote a paragraph for his German class about a recent trip to the theater. Fill in the blanks with words from the box below.

Aufführung   Märchen   Vorhang   Königin   Spiegel   Gänsehaut   Instrumente
Rang
Pracht   Aufregung   erkannten   Karten   gestimmt   Bühne   Spannung
atemlos   Schülerausweisen

Letztes Wochenende bin ich endlich aus dem Haus gekommen. Mit meinen Freunden, Annike und Tim, bin ich Samstagabend ins Theater gegangen. <u>Mit</u> unseren _____ haben wir sehr günstige _____ im ersten _____ bekommen. Wir haben <u>auf</u> die Aufführung mit höchster _____ gewartet. Aber vor der _____ mussten zuerst die _____ im Orchester _____ werden. Endlich ging der _____ auf. _____ und mit _____ auf den Armen starrte ich auf die _____, denn da stand plötzlich eine _____ in voller _____. Sie hatte einen _____ in der Hand und fragte ihn: „Spieglein, Spieglein an der Wand, wer ist die Schönste im ganzen Land?" Natürlich handelte das Stück <u>von</u> dem _____, „Schneewittchen und die sieben Zwerge". Die Königin

(continued on p. 127)

_____ wir als die böse Stiefmutter von Schneewittchen. Nach der Aufführung waren wir alle müde _von_ der _____ des Abends, aber wir gingen trotzdem ins Café. Wir wollten _über_ die Aufführung sprechen, bevor wir nach Hause gingen.

7 Now you get to be the teacher. Look back over Chris' paragraph. For each of the underlined prepositions, write a question using a **wo**-compound for the other students to answer.

1. _____
2. _____
3. _____
4. _____
5. _____

8 Do you act in a theater group, play an instrument in an orchestra, play on a sports team, or take part in some other activity? Think about the things that must be done in preparation for a performance or a game and write those steps in the space below.

_____
_____
_____
_____
_____
_____
_____
_____
_____
_____
_____
_____
_____
_____
_____

■ Landeskunde

1 In your textbook on page 283, you read about cultural activities in which German students take part, most often through their schools. Do you think American schools devote as much time to teaching students about culture? Why or why not? Do you think schools should teach students about opera, theater, art, and other cultural activities?

_____

_____

_____

_____

_____

2 Think about your answer to the question, **"Was ist Kultur für dich?"** What activities on your list are not taught in school? Do you think they should be?

_____

_____

_____

_____

3 There are lots of different books and films, and only some of them would be considered "culture." Make a list of ten books or films you would call "classics."

1. _____   6. _____

2. _____   7. _____

3. _____   8. _____

4. _____   9. _____

5. _____   10. _____

4 Why do you consider these particular films and books to be classics? Where did you come into contact with the books or films you put on the list? At school?

_____

_____

_____

_____

■ Zum Lesen

1 Movies, like short stories, have a plot and characters, and movie reviews usually describe who the main characters are and how the plot begins. Scan the two movie reviews below and fill in the charts as well as you can.

Asterix - Sieg über Cäsar

Wer	
Was	
Wo	
Wann	
Warum	
Wie	

Die Maske

Wer	
Was	
Wo	
Wann	
Warum	
Wie	

Asterix — Sieg über Cäsar
Zeichentrick. Die unbeugsamen Gallier Asterix und Obelix gratulieren Cäsar zum Geburtstag

Julius Cäsar feiert Geburtstag. Aus dem ganzen Römischen Reich treffen Präsente im Palast des Imperators ein - nur ein kleines gallisches Dorf schert es sich nicht um Julius' Jubiläum. Da läßt der Showmaster des Circus Maximus, Gaius Optus, zwei der widerspenstigen Gallier entführen: Die Verlobten Falbala und Tragicomix sollen als Höhepunkt der Feier Bekanntschaft schließen mit den berühmt-berüchtigten Löwen, die seit Monaten nur mit Joghurt und Salat gefüttert wurden.

Auf der Suche nach den beiden treten Asterix und Obelix sogar der römischen Legion in Afrika bei. Mit Hilfe ihres Zaubertranks - den der vollschlanke Obelix nicht trinken darf, wie man weiß - und ihrer angeborenen Frechheit triumphieren die Gallier wieder mal aufs schönste über die zahlenmäßige Übermacht ...

Sieben Jahre nach dem Tod des genialen Asterix-Erfinders Goscinny machten sich die Gebrüder Brizzi an die vierte Asterix-Verfilmung. Ihre europäische Trickfilmperfektion kann sich sogar mit dem scheinbar unbesiegbaren Disney-Imperium messen. Und auch das Casting für die deutsche Fassung ist spitze: Frank Zander leiht Asterix seine Stimme, Sasche Hehn spricht den Schönling Tragicomix.

Originaltitel: Astérix et la surprise de César; F 1985
Regisseur: Paul und Gaetan Brizzi

Die Maske
Jim Carrey als Maskenmann - eine irrwitzige Komödie in grellen Farben

Der Bankangestellte Stanley Ipkiss (Jim Carrey) ist ein Versager, wie er im Buche steht. Seine Mitmenschen trampeln auf ihm herum, sein Chef und seine Vermieterin setzen ihm zu, und auch bei Frauen hat der farblose Durchschnittsbürger keine Chance. Bis ihm eines Tages eine geheimnisvolle Maske in den Schoß fällt. Mit ihrer Hilfe verwandelt sich der saft- und kraftlose Ipkiss in einen rasenden Wirbelwind, einen gutgelaunten Superhelden der anarchischen Art. Die Story ist zwar simpel gestrickt, aber der Regisseur Chuck Russel brennt ein derart temporeiches Gag-Feuerwerk ab, daß man manchen Ausrutscher ins Platt-Pubertäre gern verzeiht. Der skurrile Humor, der sich durch den Film zieht, entwickelt einen unwiderstehlichen Charme.

Dabei ist Hauptdarsteller und Fratzenschneider Jim Carrey als grimassierender Komiker die größte Entdeckung seit Steve Martin. Styling und Optik kann sich durchaus mit Comic-Verfilmungen wie „Dick Tracy" messen. Daß Ipkiss bei der Metamorphose grün anläuft und in ein grellbuntes Outfit schlüpft, ist bloß eine Frage von Make-up und Ausstattung. Doch bei seinen gewagten Comic-Eskapaden, wenn ihm etwa die Augen aus den Höhlen treten oder ihm das vor Liebe wild pochende Herz aus der Brust springt, waren wieder mal die Trickexperten von ILM gefordert.

Originaltitel: The Mask; USA 1994
Regisseur: Chuck Russell
Darsteller: Jim Carrey, Cameron Diaz u.a.

"Asterix - Sieg über Cäsar" and "Die Maske" from *TV Spielfilm*. Reprinted by permission of *TV Spielfilm Verlag GmbH*.

2 Answer the following questions based on the review of **Asterix — Sieg über Cäsar**.

1. Why are the engaged Gauls, Falbala and Tragicomix, kidnapped by Caesar's showmaster, Gaius Optus? What does he plan to do with them?

   _____

2. Where do the two heroes, Asterix and Obelix, go in search of Tragicomix and Falbala?

   _____

3. What helps Asterix and Obelix triumph over the Romans?

   _____

4. To what filmmaker does the reviewer compare the success and quality of this film?

   _____

5. Does the reviewer recommend this film or not? What reasons are given?

   _____

3 Answer the following questions based on the review of **Die Maske.**

1. Why is Stanley Ipkiss a failure? What reasons are given in the review?

   _____

2. What happens that drastically changes his life?

   _____

3. Does the reviewer recommend the film or not? What does the reviewer consider to be good about it? What are its weaknesses?

   _____

4 You can often use real-world knowledge to help determine the meanings of words in a foreign language.

   a. Use your knowledge of the film industry to figure out the definitions of the following words.

   Regisseur _____

   Ausstattung _____

   Trickexperten _____

   Verfilmung _____

   Zeichentrick _____

   b. Use what you know about the history of the Romans to determine the meanings of the following words.

   das Römische Reich _____

   der Imperator _____

   die römische Legion _____

   die Übermacht _____

5 Have you seen either of the films in Activity 1? If so, do you agree with the reviewer(s)?

   _____

   _____

6 Which of the two films would you prefer to see and why?

   _____

   _____

7 Do you usually read reviews before attending movies, concerts, or other cultural activities? Why or why not? If so, do you choose which activities to attend on the basis of the reviews?

   _____

   _____

11 Deine Welt ist deine Sache!

■ Los geht's!

1 Match the drawings of the professionals below with what they might say.

a.   b.   c.

_____ „Also, am Anfang konnte ich mich nicht entscheiden, was ich nach meinem Schulabschluss machen wollte. Ein paar Jahre lang habe ich einfach gejobbt. Ich wusste nur, dass ich über meine Zukunft noch nachdenken musste und dass ich auf keinen Fall studieren wollte. In meiner Freizeit habe ich dann angefangen, mit meinen Freunden Hausmusik zu machen. Dann habe ich beschlossen, auf die Musikhochschule zu gehen."

_____ „Ich war schon als vierzehnjähriges Mädchen fest entschlossen, Ärztin zu werden. Ich habe schon immer großen Wert darauf gelegt, den Mitmenschen zu helfen. Deshalb musste ich auf alle Fälle gute Noten im Gymnasium bekommen und ein gutes Abitur schreiben, denn das Abi ist ausschlaggebend für das Studium. Ohne einen guten Abschluss kann man gar nicht Medizin studieren."

_____ „Nach meinem Schulabschluss wusste ich nicht genau, ob ich Lehrer oder Journalist werden sollte, denn ich habe mich für alles interessiert: Sprachen, Kultur, Politik. Das Fach war mir weniger wichtig als die Erfahrung, an einer Universität zu studieren. Dann bin ich ein Jahr nach England gegangen, und dieses Erlebnis war entscheidend für meine Karriere. Da habe ich Deutsch unterrichtet, und ich habe gemerkt, wie angenehm es war, mit Schülern zu arbeiten. Jetzt unterrichte ich Englisch an einem deutschen Gymnasium."

2 Now answer the following questions.

1. Do you want to follow in the footsteps of any of these professionals? Which one? Why?

_____

_____

2. Do their job-decision experiences reflect yours in any way?

_____

_____

■ Erste Stufe

1 Look at each of the drawings below and determine what the people have decided, or, if they are unable to decide, what choices are making a decision difficult.

BEISPIEL   <u>**Er kann sich nicht entscheiden, ob er den Porsche oder den BMW kaufen soll.**</u>

1. _____

   _____

2. _____

   _____

3. _____

   _____

2 Fill in the blanks with the professions described.

1. Sie kauft die Ware für ein großes Geschäftshaus.

   ◯ _ _ _ _ _ ◯

2. Er skizziert die Pläne für Autos und andere technische Sachen.

   ◯ _ ◯ _ _ ◯ _

3. Sie untersucht Pferde, Hunde, Katzen usw.

   _ ◯ _ _ ◯ _ _

4. Er hilft Leuten, die im Krankenhaus sind.

   _ _ _ ◯ _ ◯ _ ◯ _ _ _ _

5. Sie repräsentiert ihre Regierung im Ausland.

   ◯ _ _ _ _ ◯ _ _

   Now unscramble the circled letters to spell something else. _____

3 Think about each of the following topics. Are they important to you? Put a **w** for **wichtig** in front of the goals that are important to you and a **u** for **unwichtig** in front of those that are not. Then write sentences expressing their importance to you in the space below.

_____ eine gute Beziehung zu den Eltern haben

_____ mit den Freunden gut auskommen

_____ so viel wie möglich für die Umwelt tun

_____ viele verschiedene Länder besuchen

_____ einen Job mit gutem Gehalt bekommen

_____ den Mitmenschen helfen

_____ kulturelle Veranstaltungen besuchen

_____ Zeit für meine Hobbys haben

_____ Fremdsprachen lernen

_____

_____

_____

_____

_____

_____

_____

_____

4 Dorothea is interviewing for a job as a journalist, and the interviewer has just asked her what she believes to be the most important aspects of a job. Read her response and fill in the blanks with choices from the box below.

> ich interessiere mich für   es war mir wichtig   ein angenehmes Arbeitstempo
> Arbeitszeit   Entlassung   Aufstiegschancen
> und zur Chefin   es kommt darauf an   ausschlaggebend   Einkommenshöhe
> es ist für mich am wichtigsten   Verhältnis zu den Kollegen

„Das ist eine sehr schwierige Frage. _____, was für einen Job ich habe. Früher war ich Kauffrau in einer Buchhandlung, und weil die Arbeit dort so stressig war, _____, eine vernünftige _____ zu haben—nicht länger als 8 Stunden am Tag. In meinem neuen Job _____, _____ zu haben: ich möchte es nicht mehr so stressig haben. Ich habe auch großen Wert auf mein _____ gelegt. Da hatte ich aber wenige Aufstiegschancen; ich war nur während der Ferien angestellt. Es ist auch _____, dass ich Sicherheit vor _____ und gute _____ für die Zukunft habe. Natürlich _____ auch _____ die _____: ich meine, jeder arbeitet doch, um Geld zu verdienen. "

5 Unfortunately, Dorothea's interviewer kept getting interrupted by phone calls while she was answering his questions, so he only understood about half of what she said. Formulate **wo**-compound questions the interviewer probably asked her to find out what she said, and then answer them as if you were Dorothea.

BEISPIEL   INTERVIEWER   <u>Worauf kommt es an?</u>
            DOROTHEA   <u>Es kommt darauf an, was für einen Job ich habe.</u>

INTERVIEWER   _____

DOROTHEA   _____

INTERVIEWER   _____

DOROTHEA   _____

INTERVIEWER   _____

DOROTHEA   _____

6 Think about your relationships with your friends. What is important to you in a friendship? Write a paragraph describing your views on the most important aspects of friendship. Use ideas from the box if necessary.

Toleranz zeigen   Humor haben   anders sein   ähnliche Meinungen haben

ähnliche Interessen haben   mit anderen gut auskommen

gescheit sein   modische Klamotten tragen

_____

_____

_____

_____

_____

_____

7 For each of the names listed below, write that person's profession. Be sure to use the nominative case after **sein**. Then write what you think is or was probably important to that person, and what is or was not important.

BEISPIEL   Mozart
            <u>Er war Komponist. Es war ihm wahrscheinlich wichtig, dass seine</u>
            <u>Musik ihm gefiel. Weniger wichtig waren ihm wahrscheinlich die</u>
            <u>Meinungen der anderen Leute.</u>

1. Robin Williams (Komiker)_____

_____

(continued on p. 135)

German 3 Komm mit!, Chapter 11

2. Frank Lloyd Wright (Architekt) _____

_____

3. Florence Nightingale (Krankenschwester) _____

_____

4. Albert Einstein (Physiker) _____

_____

5. Maya Angelou (Autorin) _____

_____

8 Imagine your parents have given you the following choices. Can you decide between them or not?

BEISPIEL   Deine Eltern werden dir ein Auto kaufen oder dein Studium bezahlen.
Ich habe mich für das Studium entschieden. or **Ich kann mich nicht entscheiden, ob ich das Auto oder das Studium nehmen soll.**

1. Du darfst entweder heute Abend mit deinen Freunden ausgehen oder am Wochenende, aber nicht beides.

_____

2. Sie geben dir ein Haustier: einen Hund oder eine Katze.

_____

3. Sie schicken dich auf eine Reise: entweder nach Deutschland oder nach Irland.

_____

4. Sie geben dir ein teures Geschenk zum Geburtstag: entweder einen neuen Computer oder einen Fernseher.

_____

5. Du machst mit ihnen eine Reise im Auto. Du darfst nur eine Sache zu deiner Unterhaltung mitbringen: entweder dein Videospiel oder deinen Kassettenspieler.

_____

9 Who is your mentor? In whose footsteps would you like to follow? Think of an adult who has a career you would also like to pursue, and arrange to have an interview with him or her. On a separate sheet of paper, brainstorm questions for your interview. Find out how this person made his or her career decision and why. What factors played a role in the decision? Summarize the interviewee's answers in the space below.

_____

_____

_____

_____

_____

■ Landeskunde

1 In your textbook you read about applying for jobs in Germany. Here is the
Stellenmarkt section of a south German newspaper.

STELLENANGEBOTE

Wir sind eine erfolgreiche und expandierende Firma mit über 120 Mitarbeitern u. drei kleinen Tochter-unternehmen. Zur Lösung unserer Aufgaben suchen wir eine Sekretärin. Wir bieten Ihnen: Gutes Betriebs-klima, selbständige Arbeit, lang-fristige Vertrauensstellung, gute Entlohnung. Wir erwarten: EDV-Kenntnisse, Textverarbeitung WordPerfect, Rechnungsanlegung und Angebotsbearbeitung. Einstel-lung sofort oder nach Vereinbarung. Ihre komplette schriftliche Bewer-bung mit Lichtbild richten Sie bitte an unsere Personalabteilung.

Baufirma Klotz GmbH Falkenstr. 81
79189 Bad Krozingen-Hausen

Organisationstalent
Frau mit guten EDV-u. Engl. Kennt-nissen, mögl. auch mit Med.-o. Pharmaerf. ges. für 1-2 Vorm./Wo. in FR, T. 0761/322092

Wir suchen
für das Weihnachtsgeschäft qualif. Verkäuferinnen für drei Tage/Woche oder auf € 280.-/Mon/Basis. Bitte Kurzbewerbung schriftlich an Frau Müller.
Kauf Fete
Kaiserstr. 89

Kundenberater/-in
für sofort gesucht. Wir bieten festvereinbarte Kundentermine. Tel. Terminvereinbarung heute v. 10-12 h unter 0761/55555

Nebenverdienst
Für Reinigungsarbeiten stundenweise junger Mann od. Schüler od. Student gesucht. Dietmars Treppenhausreinigung, Tel. 0761/72851

2 Answer the following questions based on the ads you read.

1. Which of the jobs here would you be qualified for?

_____

2. Do these job opportunities seem similar to those advertised in the United States? What dif-ferences do you notice?

_____

_____

3. Which of these jobs offers the possibility of promotion and long-term employment? Which ones are only temporary or part-time positions?

_____

_____

4. The ad for the job with **Baufirma Klotz** mentioned several advantages of the position. What are they?

_____

_____

5. For which of these five jobs would you most like to apply? Why?

_____

_____

■ Weiter geht's!

1 A big part of accomplishing the goals we set for ourselves in life involves prioritizing them. Read the list of goals below and number them in order of their importance to you. If some of them aren't important to you at all, leave them blank.

_____ einen interessanten Job haben

_____ ein hohes Einkommen haben

_____ ein schönes Haus haben

_____ heiraten

_____ eine Familie haben

_____ den perfekten Partner oder die perfekte Partnerin finden

_____ um die Welt reisen

_____ einen Traumjob haben, egal wie viel Geld man verdient

_____ eine Karriere anfangen, in der man wirklich etwas für die Umwelt tun kann

_____ keine materiellen Sorgen haben

_____ ein Haustier oder einen Garten haben

_____ helfen, Frieden in der Welt zu schaffen

_____ gesund leben

_____ viele verschiedene Erfahrungen sammeln und keinen festen Job haben

_____ Schulabschluss machen und studieren

_____ eine Lehre anfangen

_____ eine eigene Wohnung haben

2 Now answer the following questions based on the list above.

1. Siehe deine Liste an! Was ist dir am wichtigsten?

   _____

2. Worauf legst du keinen großen Wert?

   _____

3. Für welche Ziele auf der Liste hast du dich noch nicht entschlossen?

   _____

   _____

■ Zweite Stufe

1 Think about your plans for the near future. Fill in the blanks in the chart, and then write complete sentences in the space below. Do you need to use the verb **werden** in your sentences?

nächste Woche	
kommenden Monat	
nächstes Semester	
im Sommer	
in zwei Jahren	

_____

_____

_____

_____

2 Think about each of the following careers. If you wanted to pursue these careers, you would hope to have accomplished the goal in parentheses by the time you reach thirty. Use the clues to write sentences.

BEISPIEL   Rockstar (CD produzieren)
        Mit dreißig möchte ich meine erste CD produziert haben.

1. Maler (Gemälde malen)

_____

2. Komponist (Stück komponieren)

_____

3. Lehrer (Kurse unterrichten)

_____

4. Autor (Buch schreiben)

_____

5. Tourist (um die Welt reisen)

_____

3 Your school guidance counselor, Frau Faber, is trying to help you figure out what you need to do by asking you questions about your future. Answer her questions with certainty or uncertainty, as appropriate.

FRAU FABER   Möchtest du vor dem Studium etwas von der Welt gesehen haben?

DU   _____

FRAU FABER   Also, möchtest du deinen Studienabschluss innerhalb von vier Jahren gemacht haben?

DU   _____

FRAU FABER   Möchtest du mit 26 schon eine Karriere begonnen haben?

DU   _____

FRAU FABER   Möchtest du mit 30 schon verheiratet sein?

DU   _____

FRAU FABER   Möchtest du mit 30 schon dein eigenes Haus gebaut haben?

DU   _____

FRAU FABER   Möchtest du mit 35 schon Kinder haben?

DU   _____

4 What do you imagine your ideal family life to be like? Use words from the box below to describe your ideal family, what you would possess, and what there would and wouldn't be in your family.

Streit	schön	Probleme	gescheit	freundlich	Talent	reich
Konflikt		Garten	Interessen	Liebe	nett	Haustier

_____

_____

_____

_____

_____

_____

_____

_____

_____

_____

KAPITEL 11 Zweite Stufe

5 Use the clues below to fill in the crossword puzzle.

Across:

2. Die heutigen _____ im Ostblock geben mir Hoffnung.

3. Viel Zeit muss _____, bevor man sein Ziel erreichen kann.

5. Deine Pläne für die Zukunkt

_____ ganz spannend.

Down:

1. Meine Mutter ist Mathelehrerin. Sie

_____ sehr

_____ Mathe.

3. Die Länder in Europa werden langsam _____.

4. Ich muss mein Leben ganz _____ und ordentlich haben. Sonst weiß ich nicht, was ich überhaupt anfangen soll.

6 In the past year, you've probably done some planning for the future, but you may still have some fears about the coming changes in your life. Look at the ideas in the box below and decide whether you are relieved because you have solved these problems, or whether you are still anxious about them.

BEISPIEL   <u>**Ich habe Angst, dass ich keinen guten Job finden werde.**</u> or <u>**Zum Glück habe ich schon einen guten Job gefunden.**</u>

einen guten Job finden   an einer guten Uni studieren   eine Lehre anfangen

gute Noten bekommen

mich entscheiden,   einen guten Abschluss machen   meine Freunde vermissen
was ich machen will   nicht mehr zu Hause wohnen

_____

_____

_____

_____

_____

_____

_____

_____

German 3 Komm mit!, Chapter 11

7 Hans is always barely averting disaster — and it's always a relief when he does. For each drawing below, decide what near-disaster he avoided and express relief about it.

BEISPIEL   **Gott sei Dank, dass er sein Geld nicht verloren hat!**

1. _____
   _____

2. _____
   _____

3. _____
   _____

4. _____
   _____

8 Thinking about your long-term goals is one thing, but thinking about the near future and all that you have to accomplish before the end of the school year is another! Make a list of all the tasks you have to have done by the end of the term. Then write a paragraph about them.

_____   _____
_____   _____
_____   _____
_____   _____
_____   _____
_____   _____
_____   _____

■ Zum Lesen

1 The following text is an interview with several German students about their relationships. As you read it, be sure to note who is speaking and what each one talks about. Here is a list of all the students who participated in the interview. Use key words to note as you read what subjects each addresses.

Aline _____ Christine _____

Julia _____ Viktoria _____

Christian _____ Carolina _____

Katrin _____ Florian _____

Katherina _____ Alex _____

Jasmin _____

Leben, Liebe, Karriere:

Die Kinder der wilden 68er-Eltern wollen zurück zu alten Werten. Focus sprach mit Schülern über die Sehnsucht nach Geborgenheit und Ehe

Focus: Wie ernst sind eure Beziehungen? Hat von euch schon mal jemand daran gedacht, den Partner eventuell auch zu heiraten?
Aline: Diese Idee ist schon da ...
Julia: Wenn man lange eine glückliche Beziehung hat, dann ist das klar.
Focus: Findet ihr heiraten nicht furchtbar spießig?
Julia: Nee! Überhaupt nicht.
Christian: Wenn man den Partner wahnsinnig liebhat, dann ist es doch erstrebenswert zu heiraten. Das ist doch ganz logisch.
Focus: Haltet ihr diese Einstellung für normal unter Gleichaltrigen?
Katrin: Ja, und das erstaunt mich auch gar nicht.
Focus: Wer möchte gern Familie, Kinder haben?
Alle melden sich.
Katherina: Ich will aber nicht nur Hausfrau sein, sondern erst studieren und arbeiten.
Jasmin: Genau, denn ich habe Angst, irgendwann allein dazustehen. Deshalb will ich unabhängig sein.
Christine: Kinder will ich erst mit 30 — aber ich plan' das nicht groß.
Focus: Wer will schon früher eine

Familie gründen?
Viktoria: Ich, weil ich mich jetzt schon so darauf freue. Ich stell' mir das wirklich schön vor, so zu Hause zu sein, einen Mann zu haben und Kinder. Einfach gemütlich und schön.
Carolina: Ich möchte vorher ins Ausland, weil das schwer geht, wenn man Familie hat. Aber dann will ich bald eine eigene Familie gründen, einfach, weil das für mich Erfüllung bedeutet. Familie ist das, wo ich mich verwirklicht sehen könnte.
Christine: Aber lieber nicht zu früh, sonst denkt man, daß man etwas verpaßt hat.
Florian: Ob die Ehe gutgeht, läßt sich doch nicht durchs Alter festlegen. Es gibt welche, die heiraten mit 19 — und es klappt. Genausogut kann es mit 30 schiefgehen. Ich möchte sehr gern eigene Kinder haben — aber dazu muß ich nicht unbedingt heiraten.
Focus: Wie stellt ihr Jungs euch das vor — seht ihr euch in der klassischen Ernährerrolle?
Florian: Nein, nein, auf gar keinen Fall. Es gibt ja auch den Erziehungsurlaub für Männer. Ich halte es für sehr wichtig, sich abzuwechseln, weil das sonst zu stressig für die Frau wird.
Focus: Sieht der Rest der Jungs das auch so?
Alex: Klar. Wie sonst?
Focus: Wie ist es bei euren Eltern — sind beide berufstätig?

Bei acht Schülern arbeiten beide Eltern, bei den übrigen bleibt die Mutter zu Hause. Nur zwei aus der Runde kommen aus einer geschiedenen Ehe. „Das ist aber nicht repräsentativ", sagt Julia. „Normalerweise sind es viel mehr."
Jasmin: Ich finde es gut, daß meine beiden Eltern arbeiten. Man sollte es aber nicht übertreiben. Meine Eltern, die sehen sich so selten — und man sollte sich doch wenigstens am Wochenende mal sehen.
Focus: Woher kommt eure Sehnsucht nach festen Beziehungen?
Aline: Wir brauchen eben unbedingt den anderen. Meine beste Freundin, sogar meine Schwester könnten für mich niemals meinen Freund ersetzen.
Katherina: Der Wunsch nach einer langen Beziehung kommt oft dadurch, daß man Geborgenheit in der Familie vermißt — das ist die Sehnsucht nach einer Bezugsperson. Gerade wenn die Eltern beide arbeiten, dann hat man auf diese Weise praktisch seine eigene kleine Familie, nämlich den Freund.
Jasmin: Viele wünschen sich auch eine lange Beziehung, wenn das Elternhaus kaputt ist.
Focus: Wer von euch hat schon ganz konkrete Berufspläne?
Über die Hälfte melden sich — fast alle darunter streben ein Studium an. Nur Bill-Gates-Fan Christian will sich gleich nach der Schule mit einer Technik-Firma selbständig machen.

2 Answer the following questions based on the interview you just read.

1. How do the interviewees on the whole feel about marriage and families?

    _____

    _____

2. Why does Jasmin want to get a job in addition to getting married?

    _____

    _____

3. How do the young men view their role in the family?

    _____

    _____

4. What do these students plan to do in the future?

    _____

    _____

3 Look for each of the following words underlined in the text and use context to determine their meanings.

1. spießig _____

2. Ernährerrolle _____

3. Sehnsucht _____

4. Geborgenheit _____

4 Do you think most American teens feel the same way about marriage and children as these German students do? Why or why not?

_____

_____

_____

_____

5 With which of the students can you best identify? Why?

_____

_____

_____

_____

Die Zukunft liegt in deiner Hand!

■ Los geht's!

1 Match each opinion with the appropriate picture.

_____   _____   _____   _____

   a. „Meiner Meinung nach soll man sich ganz schick anziehen, um bei anderen Leuten gut anzukommen."

   b. „Ich finde es toll, dass sich manche Schüler politisch engagieren."

   c. „Mir ist es echt wichtig, dass wir endlich anfangen, etwas gegen die Umweltverschmutzung zu tun."

   d. „Reklamen wie diese sind zwar doof, aber sie machen das Leben bunter und klären den Konsumenten auf."

2 Now answer the following questions.

   1. Mit welchen Meinungen würdest du übereinstimmen?

   _____

   _____

   2. Mit welchen nicht?

   _____

   _____

   3. Was ist deine Meinung zu jedem dieser Themen?

   _____

   _____

■ Erste Stufe

1 Read the following statements about the environment. Mark the ones that surprise you with an **ü** for **überraschend** and the ones that disappoint you with an **e** for **enttäuschend**. Then describe your reactions in the space below.

_____ 1. Man braucht 98% weniger Frischwasser und 60% weniger Energie für die Herstellung von Umweltpapier.

_____ 2. In der ehemaligen DDR haben viele Firmen die Umwelt sehr verschmutzt.

_____ 3. Zur Zeit versucht die deutsche Regierung, die Luft und das Wasser wieder sauber zu machen.

_____ 4. Ungefähr die Hälfte der Autos in Deutschland haben noch keinen Katalysator.

_____ 5. Die Regierung will jetzt ein Gesetz einführen, das bestimmt, dass Autos ohne Katalysator jeden zweiten Tag nicht fahren dürfen.

_____ 6. Die Wiederverwertung von Glas liegt heute in Deutschland bei 31 Prozent.

Ich bin überrascht, dass _____

_____

_____

_____

_____

2 Use the clues to fill in the blanks.

1. Hat mit Geld zu tun.

   — — — ◯ — — — — — — — — —

2. Spricht im Radio.

   — — — — ◯ — — — — — — — — —

3. Beschäftigt sich mit CDs und Platten.

   — — — — — — — — — — ◯ —

4. Würde, z.B., einen Motor für eine Automobilfabrik zeichnen.

   ◯ — — — — — — — — —   — — — — — ◯ — —

5. Versorgt die Kunden in einem Restaurant mit gutem Essen.

   ◯ — — —

6. Macht Fenster, Türen und andere Dinge aus Holz.

   ◯ — — — — — — — —

   Now unscramble the circled letters to spell out a secret word.

   Wir suchen alle eine Karriere mit _____

KAPITEL 12 Erste Stufe

3 Imagine that in twenty years or so your children come to you with the following career plans. How would you react and what advice would you give them?

BEISPIEL „Ich will Schornsteinfegerin werden.“
<u>**„Na ja, ich bin enttäuscht. Vielleicht kannst du Ingenieurin werden.“** oder
„Das finde ich toll. Ich würde sagen, dass du schon mit der Ausbildung anfangen solltest.“</u>

1. „Ich möchte Toningenieur werden.“

_____

_____

2. „Ich möchte gern Schweißerin werden.“

_____

_____

3. „Ich will unbedingt Koch werden.“

_____

_____

4. „Ich möchte am liebsten Friseuse werden.“

_____

_____

4 Now imagine that you are a career guidance counselor. It's your job to help people determine whether they are making good career choices and to assist them in figuring out how to achieve their career goals. You must tell them what kind of training or education they would need. What advice would you give to someone who came to you with the following goal?

„Ich würde gern Elektroinstallateur werden.“

_____

_____

_____

_____

_____

_____

_____

_____

_____

_____

5 Look at the pictures below and decide what the people are doing and why. Use a **damit**-clause or an **um zu**-clause to express the reasons for their behavior.

BEISPIEL   **Er setzt seine Sonnenbrille auf, damit er besser sehen und fahren kann.**
oder **Er setzt seine Sonnenbrille auf, um besser sehen und fahren zu können.**

BEISPIEL   1.   2.   3.   4.

1. _____

2. _____

3. _____

4. _____

6 Ulrike and Holger are good friends and they're talking about an argument Holger just had with his parents. Fill in the blanks in their conversation with choices from the box below.

> das stimmt zwar, aber   überrascht   wählen   Vorschläge   Pläne
> worum   Krach   Streitpunkt   bei mir   wichtig   würde
> entscheiden   Karriere   leiden   Erfahrungen   Zukunft   auskommen

ULRIKE   Holger, Hallo! Wie geht's dir?

HOLGER   Eigentlich nicht so gut. Es gab eben _____ mit meinen Eltern.

ULRIKE   Ich bin _____. Normalerweise _____ du so gut mit

ihnen _____. _____ ging es?

HOLGER   Der _____ war meine _____. Sie wollen, dass ich

unbedingt studiere, und ich will eben nicht. Ich kann die Schule nicht mehr

_____. Außerdem bin ich jetzt achtzehn. Ich darf

_____ und Zivildienst machen. Ich will also selbst

_____, was ich mit meinem Leben mache.

ULRIKE   _____ was möchtest du denn tun, wenn du nicht studierst?

HOLGER   Na ja. Ich habe nicht so viel darüber nachgedacht.

(continued on p. 148)

German 3 Komm mit!, Chapter 12   Übungsheft   **147**

ULRIKE _____ ist es auch so, aber deshalb möchte ich studieren. Dann kann

ich _____ sammeln und eine _____ finden. Es ist

_____, dass du _____ für die _____

machst. Es ist zwar dein Leben, aber du musst etwas daraus machen. Ich

_____ sagen, wenn du keine besseren _____ hast,

solltest du dir deine Eltern mal anhören.

7 Below is a summary of Ulrike and Holger's conversation. Fill in the blanks with the correct narrative past tense forms of the verbs in parentheses.

Ulrike und Holger _____ (sprechen) über einen Streit zwischen Holger und

seinen Eltern. Ulrike _____ (sein) überrascht, dass er sich mit den Eltern

_____ (streiten), weil er normalerweise so gut mit ihnen auskommt. Sie

_____ (fragen) ihn, worum es _____ (geht). Er

_____ (antworten), dass es Krach _____ (geben), denn seine

Eltern _____ (wollen), dass er studiert. Aber er _____ (wollen)

seine eigenen Entscheidungen treffen. Ulrike _____ zwar mit ihm

_____ (übereinstimmen), dass er über sein eigenes Leben entscheiden sollte,

aber sie _____ (meinen) auch, dass er an die Zukunft denken sollte.

8 Think about an argument you had with someone recently. What was the argument about? What reasons did you or your adversary give for disagreeing? Using Activity 7 as a model, write about the argument in the space below.

_____

_____

_____

_____

_____

_____

_____

_____

_____

_____

_____

_____

■ Landeskunde

1 Read on page 333 in your textbook about how Judith and Ingo work to help their communities. Then answer the questions below.

1. Which of the two students do you admire most? Why?

_____

_____

2. Have you done anything similar to help your community?

_____

_____

2 Look at the list of jobs below. Which ones do you think help people in the community the most? Circle them.

health inspector	politician
cook	career counselor
nutritional scientist	political activist
teacher	mechanic
bus driver	nurse
chimney sweep	

3 Every type of job involves certain skills that people could use in their spare time to help others in their community. For example, a bus driver could use his or her driving skills to drive senior citizens to cultural events or take meals to people who are housebound. Pick five of the jobs listed above and think of ways the skills used in those jobs could be used for the good of the community.

_____

_____

_____

_____

_____

4 What skills do you have that you could use to help your community?

_____

_____

KAPITEL 12 Landeskunde

■ Weiter geht's!

1 Bodo is a journalism student who wants to put an article in the school newspaper about what his classmates plan to do after they graduate and why. To help him write his article, fill out the questionnaire below.

Umfrage

Name: _____

Klasse: _____

Datum: _____

1. Was möchtest du nach dem Schulabschluss machen?

   _____

2. Worauf legst du großen Wert, wenn du an einen Job denkst?

   _____

3. Was ist dir weniger wichtig für deinen zukünftigen Job?

   _____

4. Würdest du vielleicht in den nächsten zehn Jahren heiraten?

   _____

5. Möchtest du eine Familie haben?

   _____

6. Spielen die Wünsche deiner Eltern eine Rolle in deinen Plänen?

   _____

7. Was ist für dich wichtig, bevor du dich für eine Uni entscheidest?

   _____

8. Wo würdest du am liebsten studieren, wenn du aufgenommen würdest?

   _____

German 3 Komm mit!, Chapter 12

■ Zweite Stufe

1 You are trying to plan a trip with your friends and you have made a tentative list of your options. You have already decided on some aspects of the trip, but others remain up in the air. For each of the choices listed below, say what you and your friends have decided or explain that you're still thinking it over.

BEISPIEL   Unterkunft: Hotel oder Jugendherberge
Wir haben uns entschieden, in einer Jugendherberge zu bleiben.

1. Unterkunft: Hotel oder Jugendherberge

   _____

   _____

2. Reiseziel: Weimar oder Paris

   _____

   _____

3. Verkehrsmittel: Zug oder Auto

   _____

   _____

4. Wann? Ende Juli oder Ende Mai?

   _____

   _____

5. Wie lange? Eine Woche oder 10 Tage?

   _____

   _____

6. Was machen? Sehenswürdigkeiten besuchen oder Freunde treffen?

   _____

   _____

2 Think about people you know well: your parents, your best friend, your teachers, etc. What jobs would they be good at (aside from the ones they already have)? Why do you think so? Write five sentences about your family and friends.

BEISPIEL   **Meine Schwester wäre eine gute Touristikfachwirtin, weil sie so gerne reist.**

_____

_____

_____

_____

_____

_____

KAPITEL 12 Zweite Stufe

3 Look at each of the situations below and determine what kind of person's help is needed by the people depicted. Use vocabulary items from the box.

BEISPIEL **<u>Sie braucht einen Zahnarzt / eine Zahnärztin.</u>**

Strafverteidigerin   **Gesundheitswissenschaftler**

Touristikfachwirtin   **Umweltökonomen**

1.   2.   3.   4.

1. _____

2. _____

3. _____

4. _____

4 Almuth wrote the following paragraph about her future career. She eliminated all the direct and indirect object pronouns and the endings of some adjectives for you to fill in.

Ich denke viel an meine Zukunft, und ich habe _____ schon für

eine Karriere entschieden. Könnt ihr raten, welch____ Karriere ich

gewählt habe? Ich wählte dies____ Karriere, weil es _____

sehr wichtig ist, dass ich etwas mit Sprachen und anderen Kulturen zu tun

habe. Sprachen gefallen _____ sehr. Entscheidend für

_____ ist auch, dass ich mein____ Mitmenschen helfen kann.

Ich will Schüler____ beibringen, welche Sitten und Gebräuche andere

Länder haben, damit sie _____ selbst besser verstehen können.

Ich lege kein____ groß____ Wert darauf, dass ich viel Geld verdiene. Ja,

was wäre die ideale Karriere für _____?

Can you guess what Almuth wants to be?

Almuth will _____ werden.

5 Where do you want to live and what kind of house would you like? What factors play a role in your choice of residence? Use the ideas in the box below to write a paragraph about where you hope to live someday.

warmes Klima   mit großem Garten   mit vielen Bäumen   Dorf   im Ausland

große Stadt   mit vielen Zimmern   auf dem Land   mit freundlichen Nachbarn   groß

alt   klein   in Amerika

kleine Stadt   modern   kaltes Klima   mit einer Garage   mit Schwimmbad

_____

_____

_____

_____

_____

_____

_____

_____

_____

_____

6 Go back to the mentor you interviewed in Chapter 11, p. 135 of the *Übungsheft.* Ask that person if he or she has any regrets. What would he or she do differently if he or she could start his or her career all over again? Summarize the answer in the space below.

_____

_____

_____

_____

_____

_____

_____

_____

_____

_____

_____

KAPITEL 12 Zweite Stufe

7 Like Bodo from **Weiter geht's!,** you want to know what the people in your class plan to do in the future. Find out about your classmates' plans and summarize the results below. What careers were mentioned most often? What percentage of your classmates plans to marry and have children? What percentage plans to study?

_____

_____

_____

_____

_____

_____

_____

_____

_____

_____

_____

_____

_____

8 Draw a picture of yourself as you'd like to look in ten years. Then describe this future self in the space below.

In zehn Jahren würde ich gern ... _____

_____

_____

_____

_____

_____

_____

_____

_____

_____

_____

_____

_____

■ Zum Lesen

1 Glance over the text below and determine what type of text it is. Is it fictional or factual? Is it an article, an interview, or a story?

_____

_____

2 Once you've determined what kind of text it is, decide which of the reading strategies you've learned would be most helpful as you read. List them below.

_____

_____

HARTE JOBS FÜR ZARTE HÄNDE

Monika Schultze
Kommunikationselektronikerin

Wann begann Dein Interesse für diesen Beruf?
„Elektronik hat mich schon früh interessiert, mit sechs oder sieben Jahren. Mein Bruder bastelte in seiner Freizeit elektronische Schaltungen. Dabei habe ich ihm immer über die Schulter geguckt. Später habe ich selber Radios und andere Schaltungen gebaut."

Wie hast Du Deine Stelle bekommen?
„Ich habe Abitur gemacht. Im letzten Schuljahr gab es in der Schule eine Berufsberatung. Dort bekam ich Informationen über den Beruf ‚Kommunikationselektroniker/in'. Das Arbeitsamt hat mir dann verschiedene Firmen genannt, die freie Ausbildungsplätze hatten. Ich habe mich bei mehreren beworben. Die Firma Bayer hat mich eingeladen. In einem Test prüfte man Mathematik und Physik. Dann gab es ein persönliches Vorstellungsgespräch. Kurze Zeit später bekam ich den Platz."

Was passiert, wenn eine Frau einen Männerberuf lernt?
„Ich habe mich nie gefragt: Ist das ein Männerberuf oder ein Frauenberuf? Die Arbeit ist genau dieselbe. Erleichterungen oder Sonderregelungen gibt es nicht. Wir haben in der Werkstatt begonnen: feilen, sägen und bohren. Jeder hat einen Schraubstock gebaut und einen Platinenhalter. Im zweiten Lehrjahr haben wir Schaltungen aufgebaut. Wir arbeiten in allen Bereichen der Firma: Dreieinhalb Jahre dauert die Ausbildung. Ich bin im Moment das einzige Mädchen in diesem Bereich. Die Jungen akzeptieren mich. Die Ausbilder in der Werkstatt waren erst skeptisch. Die haben gedacht: ‚Ein Mädchen, was kann die schon schaffen?' - Dann habe ich gezeigt, was ich konnte. Sie waren überrascht, daß ich die Arbeit genauso gut oder besser gemacht habe."

Sabine Stobbe
Schlosserin

Wie bist Du zu dem Männerberuf „Schlosser" gekommen?
„Ich habe mir keine Gedanken gemacht, daß das ein Männerberuf ist. Bei uns in der Familie macht jeder alles. Von dort kannte ich Schlosserarbeiten."

Du hast 1983 die Hauptschule beendet. Damals gab es noch weniger Frauen in technischen Berufen als heute. Wie war das bei Deiner Bewerbung?
„Ich habe mich beworben und den Einstellungstest gemacht. Zuerst hat man mich überredet, technische Zeichnerin zu werden. Man dachte: ‚Der Schlosserberuf ist zu hart für Mädchen.' Doch nach kurzer Zeit hatte ich keine Motivation mehr. Da hat mich die Firma doch als Schlosserin übernommen. Meine Mutter war begeistert und meinte: ‚Endlich kannst du machen, was du willst.'"

Welche Erfahrungen hast Du während Deiner Ausbildung gemacht?
„Ganz am Anfang habe ich einen älteren Kollegen begleitet. Dem durfte ich die Werkzeugkiste aufmachen. Dann wollte ich ihm die Schlüssel geben. Doch er sagte: ‚Mach das besser nicht. Wenn etwas passiert, muß ich es ausbaden.' Ein anderer Kollege meinte: ‚Laß die Finger davon, du hast doch sowieso nicht die Kraft.' — Ich verstehe das: Auszubildende packt man in Watte, da darf nichts passieren. Die Arbeit ist nicht ungefährlich: Wenn man mit dem Vorschlaghammer danebenschlägt, macht man einen Salto! Natürlich kamen da auch Sprüche: ‚Guck mal, was will die denn hier?' Aber darüber muß man hinwegsehen. Das steckt in den Männern drin. Das ist normal."

Wie behandelt man heute in Deiner Firma einen weiblichen Schlosser?
„Ich werde genauso behandelt wie die Männer. Die Arbeit ist für eine Frau schwerer, weil man manchmal viel Kraft braucht. Zur Zeit stellen wir eine neue Turbine auf. Da arbeiten wir im Team. Alle anderen sind Männer. Die Kollegen sind sehr hilfsbereit. Ich probiere alles zuerst selber. Wenn ich Hilfe brauche, ist das kein Problem."

"Harte Jobs für Zarte Hände" from *Juma: das Jugendmagazin*. Reprinted by permission of ***Tiefdruck Schwann-Bagel GmbH.***

KAPITEL 12 Zum Lesen

3 Look back over your answers to questions 1 and 2. Did you correctly guess what type of text it was? Did you choose appropriate reading strategies?

_____

_____

4 Answer the following questions based on what you read.

1. How did Monika Schultze first become interested in electronics?

_____

2. How did she get her job? Which company invited her for an interview?

_____

_____

3. How does Monika feel about doing a so-called "man's" job? How many women work with her?

_____

4. What surprised the men with whom Monika worked?

_____

5. How does Sabine feel about working in a "man's" job?

_____

6. How was Sabine trained for her job?

_____

7. How was she treated by her male colleagues as a trainee?

_____

8. How is she treated by her male colleagues now?

_____

5 Look for each of the following words underlined in the text and use context to determine their meanings.

1. der Ausbildungsplätze _____

2. das Vorstellungsgespräch _____

3. die Werkzeugkiste _____

4. danebenschlagen _____

6 What are your career goals? How did you become interested in those careers?

_____

_____

_____

German 3 Komm mit!, Chapter 12